Udo Baer

Traumatisierte Kinder sensibel begleiten

Basiswissen & Praxisideen

BELTZ

KITA KOMPAKT

Die Reihe »Kita kompakt« bietet für frühpädagogische Fachkräfte Basiswissen und Praxisideen, die für den Kita-Alltag von Bedeutung sind. Die Bücher enthalten einen kompakten Wissensteil mit relevanten Informationen zum jeweiligen Thema. Ein umfangreicher Praxisteil beinhaltet viele kreative Ideen und lädt zum Umsetzen und Ausprobieren in der Arbeit mit Kita-Kindern ein.

Udo Baer, Dr. phil. (Gesundheitswissenschaften), Dipl.-Pädagoge, Kreativer Leibtherapeut AKL, ist Vorsitzender der Siftung Würde und erfolgreicher Autor vieler Bücher z.B. zum Thema Gefühle oder Würde.

FSC www.fsc.org MIX Papier aus verantwortungsvollen Quellen FSC® C089473

Dieses Buch ist erhältlich als:
ISBN 978-3-407-72766-4 Print
ISBN 978-3-407-72761-9 E-Book (PDF)

2. Auflage 2022

in der Verlagsgruppe Beltz · Weinheim Basel
Werderstraße 10, 69469 Weinheim

Lektorat: Kristina Wippert
Layout/Reihenkonzept: Nadine Kunde, basierend auf dem Konzept von Atelier Bea Klenk / Sabine Riesinger
Abbildungen Innenteil: © 2018 Marlen Mauermann
(S. 6, 8, 42 45, 47, 48, 57, 69, 70, 73, 74, 76, 82, 83, 88, 90, 93, 95, 97, 101, 106)
Umschlaggestaltung: Sarah Veith
Umschlagabbildung: © 2018 Marlen Mauermann

Satz: Nadine Kunde
Druck und Bindung: Beltz Grafische Betriebe, Bad Langensalza
Printed in Germany

Weitere Informationen zu unseren Autor:innen und Titeln finden Sie unter: www.beltz.de

Inhalt

EIN PAAR EINLEITENDE WORTE ...

In jeder Gruppe Ihrer Kita befinden sich wahrscheinlich ein oder zwei Kinder, die eine traumatische Erfahrung machen mussten. Wenn zu einer Gruppe mehrere Kinder aus geflüchteten Familien gehören, wird die Anzahl traumatisierter Kinder noch größer sein. Das sind Durchschnittszahlen. Sie sind erschreckend. Sie zeigen, dass für Sie als frühpädagogische Fachkraft und andere Beschäftigte im Elementarbereich das Thema »Trauma« kein fernes Problem ist, das Sie in Zeitungsberichten oder »Tatort«-Filmen finden. Es kann Ihnen in Ihrem Alltag in Ihrer Einrichtung begegnen.

Deshalb ist es wichtig, ja, notwendig, sich damit zu beschäftigen. Dazu dient dieses Buch. Sie sollen damit nicht zur Therapeutin bzw. zum Therapeuten werden, aber Sie werden Hinweise erhalten, welche Anzeichen darauf hindeuten, dass ein Kind traumatische Erfahrungen machen musste, und wie Sie damit umgehen können und sollten.

Das Buch beginnt damit, dass ich Ihnen Basiswissen rund um Traumata bei Kindern vorstelle. Zu verstehen, was ein Trauma ist und welche Folgen es haben kann, ist die Voraussetzung dafür, traumasensibel handeln zu können. Dies schließt Hinweise ein, was Sie bei einem Verdacht tun sollten und was nicht.

Es folgt dann ein buntes Buffet, wie Sie Kinder, die (möglicherweise) traumatisiert sind, sensibel begleiten können. Die Palette, die ich Ihnen vorstelle, reicht von Grundlagenwissen, Hinweisen zum Verhalten, Bilderbuchtipps, die Sie als Gesprächsanlass nutzen können, bis zu zahlreichen Spielen, die der Stärkung und der Überwindung von Trauma-Folgen dienen. Alle diese Aktivitäten fördern auch die anderen Kinder, die keinen traumatischen Ereignissen ausgesetzt waren.

Wenn Sie traumatisierte Kinder sensibel begleiten, hat das Auswirkungen auf Ihr Seelenleben. Die Belastung der Kinder belastet auch Sie. Das ist normal. Wie Sie damit umgehen und für sich sorgen können, dazu gebe ich Ihnen zum Abschluss des Buches Hinweise.

Wenn Sie dieses Buch gelesen haben, wird sich Ihr Verständnis für diese Kinder und deren Verhalten erhöhen. Allein das hilft den Kindern. Wenn sie sich verstanden fühlen, erleichtert das traumatisierte Kinder und baut ihnen Brücken zu anderen Menschen. Das gelingt mit Worten und ohne Worte. Und es wirkt. Das zeigen meine über 30-jährigen Erfahrungen.

Durch das Buch werden Sie noch mehr als Verständnis erwerben. Ihre Kompetenz für eine traumasensible Begleitung wird sich erhöhen. Das ist gut so und wichtig. Es reicht nicht, dass in der Öffentlichkeit dankenswerterweise öfter und lauter über sexuelle Gewalt und andere Taten, die Traumata verursachen, gesprochen und geschrieben wird. Es ist notwendig, dass den Kindern geholfen wird. Dazu braucht es Spezialist/innen UND dazu braucht es Menschen mit Kompetenzen in traumasensibler Begleitung dieser Kinder. Wenn ein Kind zum Beispiel sexuelle Gewalt erfahren musste, ist das eine Erfahrung mit anderen Menschen, eine Beziehungserfahrung, eine Beziehungsverletzung. Beziehungswunden brauchen Beziehungsheilung. Die Kinder brauchen neue, bessere, verständnisvolle, respektierende, sensible Erfahrungen mit anderen Erwachsenen – also mit Ihnen, die Sie dieses Buch lesen.

Sie werden damit nicht allen Kindern helfen können. Doch jede noch so kleine Hilfe für jedes Kind zählt. Sie werden durch dieses Buch nicht alle Fragen, die auftauchen, beantwortet bekommen. Das kann nicht gelingen, denn jedes Kind ist anders und die Situation jedes traumatisierten Kindes wirft auch unterschiedliche Fragen auf. Ich biete Ihnen in diesem Buch Antworten auf die grundlegenden Fragen, viele Beispiele und Anregungen. Wenn Sie mehr brauchen oder einfach neugierig sind, empfehle ich Ihnen zur weitergehenden Unterstützung zwei meiner Blogs:

- Der eine Blog heißt: www.trauma-und-würde.de. Hier erscheinen immer neue Beiträge zu allen Fragen rund um Traumata, Traumatherapie und Traumapädagogik, zu Traumata aller Altersgruppen, auch zu Kindern und viel zu traumatisierten geflüchteten Menschen. Auf dem Blog finden Sie kostenlos ein immer weiter anwachsendes Archiv von Beiträgen zu allen möglichen Fragen und Aspekten rund um Traumata in Theorie und Praxis.
- Auch der andere Blog ist kostenfrei. Er heißt: www.kinder-und-würde.de. Hier geht es um Kinder – mit vielen Tipps und Hinweisen, Hintergrundartikeln und anderen Beiträgen für Menschen, die in Erziehung, Pädagogik und Sozialpädagogik tätig sind. Traumaverständnis und Traumabegleitung ist auch ein Thema, aber nicht ausschließlich. Zu diesem Blog gibt es einen Newsletter.

Auf beiden Blogs können Sie Fragen stellen oder Ihre Erfahrungen einbringen. Ich werde sie beantworten.

Dr. Udo Baer, Februar 2018

BASIS-
WISSEN

Was ist ein Trauma?

Das Wort »Trauma« wird heute mitunter inflationär benutzt. Manche Menschen denken schon, es wäre ein Trauma, wenn sie ihren Autoschlüssel vergessen haben oder ihr Lieblingsfußballverein eine Niederlage einstecken muss. »Trauma« entstammt dem Griechischen und bedeutet »Wunde«. Doch Trauma ist ein Fachbegriff, mit dem nicht jede Wunde gemeint ist, sondern nur ganz spezifische. Damit eine Wunde zu einem Trauma führt, müssen drei Faktoren zusammenkommen:

- Ein erster Faktor ist, dass die Verletzung von den betroffenen Menschen als existenziell bedrohlich erlebt wird. Als existenzielle Bedrohungen werden immer Erfahrungen wie Bombardierungen auf der Flucht aus Libyen oder Syrien oder lebensbedrohliche Situationen auf dem Mittelmeer erlebt. Doch auch weitere Erfahrungen werden als existenziell bedrohlich erfahren: körperliche und sexuelle Gewalt, Missbrauch, Unfälle und anderes mehr. Auch unbetrauerte Verluste oder Verlustdrohungen können von Kindern als existenziell bedrohlich erlebt werden, zum Beispiel die Krebserkrankung der Mutter oder das Sterben der Oma.
- Der zweite Faktor besteht darin, dass die betroffenen Kinder, um die es hier geht, nicht in der Lage sind, die traumatisierenden Erfahrungen zu bewältigen. Das ist bei Gewalt, Vergewaltigung und anderem Schrecken bei Kindern fast immer der Fall.
- Als dritter Faktor kommt hinzu, dass die traumatisierenden Erfahrungen nachhaltige Wirkungen haben. Manche Kinder zeigen die Folgen der traumatischen Erfahrung sofort. Bei vielen werden diese erst nach Tagen, Wochen, manchmal Monaten oder Jahren sichtbar.

Wenn diese drei Faktoren zusammenkommen, reden wir von einem psychischen und sozialen Trauma. Man kann folglich nicht ein Trauma dadurch definieren, dass eine Liste von traumatischen Ereignissen aufgezählt wird. Auch wenn wir davon ausgehen, dass Todesgefahr und sexuelle Gewalt eigentlich nahezu immer ein Trauma hervorrufen, so sind doch die individuellen persönlichen Wege entscheidend, wie die Menschen davon betroffen sind bzw. damit umgehen können. Ein Beispiel aus der Erwachsenenwelt: Wenn ein Lokführer einen Menschen, der Suizid begehen will, überfahren hat, dann können manche Lokführer relativ schnell wieder in ihren Zug steigen und weiterarbeiten. Andere brauchen therapeutische Betreuung. Wiederum andere sind durch den traumatischen Schock nie mehr in der Lage, ihren Beruf weiter auszuüben. Die unterschiedlichen Bewältigungsmöglichkeiten der Menschen und die Hilfe, die sie danach erhalten (oder nicht erhalten), entscheiden über die Wirkung der Erfahrung und machen ein Ereignis zu einem traumatischen Ereignis. Das ist wesentlich. Traumatische Ereignisse können zum Beispiel sein:

- An einem Kind werden sexuelle Handlungen vorgenommen. Solche sexuelle oder sexualisierte Gewalt hat im Kern nichts mit Sexualität zu tun, sondern ist Gewalt und Machtausübung.
- Das Kind ist an einem schweren Autounfall beteiligt.
- Ein Kind wird massiv geschlagen.
- Ein Kleinkind fällt vom Tisch und verletzt sich.
- Ein Babysitter schaut Pornos, ein Kind sieht zu und bezieht, vor allem wenn gewalttätige Handlungen vorkommen, diese als Drohung auf sich.
- Eine Familie setzt im Schlauchboot von der Türkei nach Griechenland über. Das Boot kentert. Das Kind überlebt, die Schwester ertrinkt.
- Ein Kind steht hinter einer Tür und hört, wie der Vater die Mutter anschreit, beschimpft und schlägt.

Es wird zwischen unterschiedlichen Trauma-Folgen unterschieden. Am bekanntesten ist das Posttraumatische Stresssyndrom, das ein Krankheitsbild beschreibt, das meist mit Verzögerung auftritt und mehrere Merkmale von Trauma-Folgen umfasst. Doch dieses Posttraumatische Stresssyndrom gilt nur für eine kleine Minderheit der von Trauma-Folgen betroffenen Menschen. Die bisherigen Definitionen und Kategorisierungen der Trauma-Arten und Trauma-Folgen sind unzureichend. Es werden zurzeit in den internationalen Klassifizierungen, die der Medizin und Psychologie zugrunde liegen, neue Definitionen entwickelt und getestet (ICD 10, 2018). Sicher ist: Eine traumatische Erfahrung hat schwerwiegende Folgen.

Wichtig zu wissen ist, dass sich ein Trauma-Erleben auch dann entwickeln kann, wenn Kinder nicht unmittelbar betroffen sind, sondern Zeugen von Ereignissen wurden. Wenn Kinder erleben, dass zum Beispiel der Vater die Mutter zusammenschlägt, oder sie mitbekommen, dass die Schwester bzw. der Bruder sexuelle Gewalt erfahren, dann können sie genauso traumatisiert werden, als wenn sie unmittelbar betroffen sind. Auch Zeugenschaft kann also traumatisieren!

Zu den Zahlen: Wie häufig bei Kindern Traumata auftreten, wurde noch wenig untersucht. In einer amerikanischen Studie wurden rund 400 Kinder einer Stichprobe unterzogen. 11,7 Prozent der Kinder, die jünger als 14 Jahre alt waren, hatten ein traumatisches Ereignis erlebt. Bei den Jugendlichen mit 18 Jahren war die Prozentzahl auf 43 Prozent gestiegen (Amaja-Jackson et March

1995). Andere Untersuchungen nehmen nur die vollständige Symptomatik eines Posttraumatischen Stresssyndroms als Kriterium und kommen bei Jugendlichen auf 6,3 Prozent (Breslau 1991). Untersuchungen in Deutschland mit über 1000 Teilnehmenden kommen zu dem Ergebnis, dass bei Jugendlichen zwischen zwölf und 17 Jahren 22 Prozent von einer traumatischen Situation berichten konnten (Essau 1999).

Genauere Angaben zur Anzahl der Trauma-Belastungen von Kindern im Vorschulalter existieren nicht. Die Forschung geht davon aus, dass in jeder Schulklasse ein bis zwei Kinder sitzen, die sexuelle Gewalt erfahren haben. Andere Traumatisierungen kommen hinzu. In einer Kitagruppe wird der Anteil geringer sein, gerade im Hinblick auf sexuelle Gewalt. Das Täterinteresse steigt, wenn die Kinder älter werden. Doch auch im Vorschulalter gibt es vielfache sexuelle Gewalt und auch andere traumatische Erfahrungen. Sie können vermuten, dass circa ein Kind in jeder Kitagruppe sexuelle Gewalt erleben oder andere traumatische Erfahrungen machen musste, in manchen zwei. Das ist eine Durchschnittsangabe. In manchen Gruppen werden es mehr sein, in anderen weniger. Durch einen höheren Anteil von Kindern mit Fluchterfahrungen steigt die Wahrscheinlichkeit, weil viele dieser Kinder traumatische Erfahrungen erleben mussten, wahrscheinlich sogar die Mehrheit von ihnen.

Dass traumatische Erfahrungen und ihre Auswirkungen in Erziehung und Pädagogik überhaupt beachtet werden, ist relativ neu. Bis in die 1970er- und 1980er-Jahre wurden Traumata und Trauma-Folgen tabuisiert und negiert. Erst die Erfahrung des Vietnamkrieges öffnete vielen die Augen – auch der Forschung und Psychiatrie. Im Vietnamkrieg sind mehr US-Amerikaner an den Trauma-Folgen durch Drogen, Suizid und Mord gestorben als durch die Kriegshandlungen selbst. Dies führte dazu, sich mit den Traumata zu beschäftigen und anzuerkennen, dass traumatische Erfahrungen nachhaltige Folgen haben.

Heute finden wir in Deutschland eine breitere Öffentlichkeit, die von traumatischen Erfahrungen, die Kinder erleiden müssen, geschockt ist. Und doch gibt es immer noch zu wenig Solidarität mit den Opfern, werden diese immer noch zu wenig geschützt und verteidigt. Mögliche Trauma-Folgen im Vorschulalter zu beachten, ist deshalb nicht nur eine individuelle Aufgabe, sondern beinhaltet immer auch eine gesellschaftliche Dimension.

Trauma-Folgen

Eine traumatische Erfahrung erschüttert ein Kind grundlegend. Viele Jugendliche oder Erwachsene beschreiben dies so, als seien sie »aus der Welt gefallen«. Nichts ist mehr so wie vorher. Auch wenn kleinere Kinder oft dafür keine Worte haben, ist davon auszugehen, dass sie es genauso erleben. Wie sich diese Erschütterung äußert, ist von Kind zu Kind unterschiedlich. Die häufigsten Folgen traumatischer Erfahrungen sind:

- Das Kind ist nicht mehr so wie vorher. Es ist durcheinander, verpeilt, erschüttert ... Bei jedem Kind wird sich das unterschiedlich zeigen, doch der Charakter einer grundlegenden existenziellen Erschütterung ist bei allen gleich oder zumindest ähnlich.
- Wer existenziell bedroht wurde, muss Ängste entwickeln. Oft bleiben die Ängste und machen sich an allen möglichen anderen Anlässen fest. Das Kind wird in jedem Fall angstvoller, auch wenn es dies vielleicht durch Vorwärtsverteidigung und forsches, aggressives Auftreten überspielt.
- Für das traumatisierte Kind macht es Sinn, alles zu vermeiden, was wieder zu einem Trauma führen kann, also auch alle Orte, Personen, Töne, Klänge usw., die dem traumatischen Erleben ähneln.
- In Lebensgefahr zu sein oder zumindest sie als solche zu erleben, schafft Aufregung, Hocherregung. Wenn Kinder nicht unmittelbar nach dem Trauma getröstet werden und neue Erfahrungen des Schutzes und der Geborgenheit machen, dann bleibt diese Erregung. Das hohe Erregungslevel kann zu Aggressivität führen, in der sich die Erregung entlädt, zu Nervosität, zu körperlicher Unruhe und anderen Erscheinungsformen.
- Sexuelle Gewalt wird Kindern meistens von Menschen zugefügt, denen sie eigentlich vertrauen – also aus der Familie oder der nahen Verwandtschaft und Nachbarschaft. Folglich entsteht ein grundlegendes Misstrauen gegenüber anderen Menschen, zu solchen, die sie kennen, und noch stärker zu denen, die sie nicht kennen.
- Ein traumatisches Ereignis wühlt auf und die Kinder sind nicht in der Lage, mit den vielen Emotionen, die dabei entstehen, fertigzuwerden. Vieles ist unaushaltbar. Darauf reagiert der menschliche Organismus, indem er sich betäubt. Emotionale Taubheit kann also auch eine häufige Folge von traumatischen Erfahrungen sein. Diese betrifft nicht nur bestimmte Gefühle, sondern häufig das gesamte Ensemble des Gefühlslebens.

Die Trauma-Forschung hat als häufige spontane Reaktion auf eine existenzielle Bedrohung die »vier F« festgestellt: fight or flight, freeze or fragment. Betrachten wir sie genauer:

Wenn unsere Vorfahren existenziellen Bedrohungen ausgesetzt waren, dann versuchten sie oft, dagegen zu kämpfen – gegen die Säbelzahntiger, gegen die Wölfe, gegen andere Feinde der Menschen. Deswegen ist »fight« (= kämpfen) eine grundlegende spontane Reaktion auf ein traumatisches Ereignis. Dies kann sich später in Aggressivität äußern. Auch wenn der Anlass des Kämpfens nicht mehr gegeben ist, kämpfen viele Kinder weiter, gegen wen oder was auch immer.

Zum Merkmal der traumatischen Erfahrung gehört, dass die Kinder hilflos sind. Sie können nicht gegen die Täter/innen kämpfen, zumindest nicht erfolgreich. Sie sind ausgeliefert und ohnmächtig. Also tritt häufig die zweite Kernreaktion in den Vordergrund, nämlich zu fliehen. »Flight« ist ein wichtiges Merkmal, Situationen zu vermeiden. Wenn Kinder zum Beispiel häufig weglaufen, kann darin eine Erscheinungsform dieser Trauma-Folge bestehen.

Das dritte Element besteht im »freeze«, also im Einfrieren. Wer nicht kämpfen oder nicht fliehen kann, erstarrt. In der Ohnmacht und Hilflosigkeit zu erstarren, ist eine häufige kindliche Reaktion. Innerlich können die Kinder fliehen. Innerlich können sie kämpfen, aber äußerlich sind sie erstarrt, wie eingefroren.

Und die vierte Reaktion schließlich, »fragment«, bedeutet die Fähigkeit des menschlichen Organismus, Teile der Erfahrungen abzuspalten (= zu dissoziieren). Wenn zum Beispiel Schläge nicht aushaltbar sind oder wenn Kinder mitbekommen, wie ein anderes Familienmitglied vergewaltigt wird, dann erschüttert das das Kind. Doch die bewusste Erinnerung darin wird ausgeblendet, abgeschoben in einen hinteren Winkel und mit einer Mauer des Vergessens umgeben. Dies ist eine äußerst überlebensnotwendige Schutzreaktion, die Kinder davor beschützt, psychisch und manchmal auch körperlich zusammenzubrechen.

Doch der Schrecken, der eingesperrt ist, bleibt weiter lebendig. Er blockiert weiter Teile des Bewusstseins und frisst viel Lebensenergie. Kinder wirken oft abwesend, verlieren ihre kognitiven und spielerischen Fähigkeiten, ohne zu wissen, warum, ohne auch dafür Worte finden zu können.

Diese vier Kernreaktionen treten einzeln oder auch in zahlreichen Kombinationen auf. Ein aggressives Mädchen, das immer noch vorsorglich gegen vermeintliche Täter kämpft, kennt vielleicht den Zusammenhang seines Verhaltens mit der traumatischen Erfahrung nicht, weil es diese zu seinem Schutz in seinem Bewusstsein abgespalten hat. Ein anderes traumatisiertes Kind ist äußerlich ruhig, regungslos, »eingefroren«, doch innerlich tobt in ihm ein ständig explodierender Vulkan, es ist voller verängstigter Erregung, ständig »auf dem Sprung«, zu fliehen.

Trauma-Trigger

In ihrer Entwicklung haben die Menschen (und andere Säugetiere) einen Mechanismus entwickelt, der sie vor existenziellen Bedrohungen zu beschützen versucht: die Amygdala. Die Amygdala wird oft auch Mandelkern genannt und ist ein besonderer Teil des limbischen Systems, also der Region des Gehirns, die für Gefühle und Gefühlsäußerungen »zuständig« ist. Die Amygdala hat eine besondere Fähigkeit: Jede Wahrnehmung eines Kindes (oder Erwachsenen) wird daraufhin geprüft, ob sich daraus eine existenzielle Bedrohung ergeben kann. Dies geschieht in Tausendstel Sekunden und unbewusst.

Wenn zum Beispiel unsere Vorfahren bei der Begegnung mit einem Säbelzahntiger einen bestimmten Geruch wahrgenommen haben, dann sorgt die Amygdala dafür, dass dem Körper bei jedem Anflug dieses Geruches sofort »Gefahr!« signalisiert wird. Adrenalin wird ausgeschüttet. Der Blutdruck steigt und die spontanen Reaktionen der »vier F« treten vorsorglich in Kraft. Dies ist ein Programm, das ausgezeichnet nützlich war und ist für das Überleben der Menschheit.

Heute geht es nicht mehr um Säbelzahntiger. Es gibt andere Auslöser, die wieder an das Trauma erinnern können. Wenn einem Kind im Dunkeln Gewalt angetan wurde, wird es vor Dunkelheit Angst haben und sich bemühen, sich von Dunkelheit fernzuhalten. Dunkelheit steht für Bedrohung, existenzielle Bedrohung. Diese Auslöser werden »Trigger« genannt. Trigger werden nicht erst dann wirksam, wenn sie genauso aussehen, klingen, riechen usw. wie bei der traumatischen Situation. Wenn etwas so ähnlich ist wie bei dem traumatischen Erleben, dann reicht das, dass die Amygdala in Kraft tritt und das Kommando übernimmt. Diese im Kern äußerst nützliche Eigenschaft der Amygdala schränkt natürlich im weiteren Leben die Lebensqualität und die Lebendigkeit ein, weil Kinder immer wieder in Situationen geraten, die sie als existenziell bedrohlich erleben und in denen sie entsprechend darauf reagieren. Einige Beispiele für Trigger:

- Wenn ein Kind von einem Mann Gewalt erfahren hat, dann kann die Begegnung mit anderen Männern schon als Trigger wirken – besonders dann, wenn die anderen Männer eine ähnliche Statur haben oder zum Beispiel einen ähnlichen Schnurrbart tragen wie die Täter.
- Wir kennen Kinder, die durch laute Schritte getriggert wurden, weil die Taten und der traumatische Schrecken sich durch Schritte vor der Kinderzimmertür ankündigten.
- Auch Gerüche, Kochdüfte, Parfüme und anderes mehr können triggern. Manche Kinder reagieren auf bestimmte Speisen, als würde sich das Trauma-Erleben wiederbeleben. Vielleicht waren Schläge oder andere Gewalterfahrungen der Hintergrund, wenn Kinder nicht aufgegessen haben oder wenn sie sich geweigert haben, Spinat oder anderes, was sie nicht mögen, zu sich zu nehmen.
- Sehr häufige Trigger sind Berührungen, weil insbesondere Gewalt und sexuelle Gewalt mit Berührungen einhergegangen sind.
- Auch laute Geräusche, Schreie, Türenknallen und anderes kann triggern.

Wenn Sie wissen, dass ein Kind durch besondere Umstände getriggert ist, dann können Sie versuchen, diesen Trigger aus der Lebenswelt auszuschalten oder zumindest zu verringern. Das kann für bestimmte Speisen gelten, für Düfte, für manche Geräusche und dergleichen mehr. Doch zumeist können wir nicht alle Trigger erfassen. Es gibt immer Überraschungen. Wichtig ist, dass wir nicht glauben, dass die Kinder »spinnen« oder durchdrehen, wenn sie in Panik geraten oder um sich schlagen oder erstarren und so wirken, als würden sie kaum noch atmen. Nein, sie sind dann getriggert worden und erleben sich wieder wie in der traumatischen Situation. Dieses Verständnis ist wichtig.

Auch dies ist einen besonderen Hinweis wert: Das Trauma-Gedächtnis erinnert sich nicht an frühere Situationen, wie Sie sich an den Urlaub erinnern oder Ihren letzten Geburtstag oder den letzten Streit mit Ihrer Partnerin oder Ihrem Partner. Nein, das Trauma-Gedächtnis schafft ein Erleben, als würden die Menschen diese Erfahrungen noch einmal machen müssen, als würden sie die traumatische Erfahrung in der Gegenwart erleben, als wäre sie hier und jetzt. Dies ist eine tiefe emotionale Erschütterung, zu der sich oft nur über gefühlvolle Begegnungen Zugänge finden lassen. Ein Zureden im Sinne von: »Hier bist du doch sicher. Hier ist es doch nicht so schlimm« oder Argumente über die Vernunft helfen nicht oder reichen zumindest nicht aus.

Das Alleinsein danach

»Am schlimmsten war das Alleinsein danach«, sagte eine Frau, die als Kind sexuelle Gewalt erfahren hatte. Gabriele Frick-Baer (2015) fragte in einer Studie des gleichnamigen Buches Menschen, die als Kinder betroffen waren, nach der Zeit nach der sexuellen Gewalt. Gemeint war die Zeit unmittelbar nach der Gewalterfahrung, die ersten Tage und Wochen. Wie lange diese Zeit als „Zeit danach" erlebt wurde, war unterschiedlich. Bei manchen dauerte sie noch in der Gegenwart an.

Das Ergebnis war eindeutig. Alle Befragten fühlten sich in der Zeit nach der Gewalterfahrung allein. Manche erzählten ihren Eltern oder anderen Personen von dem Erlittenen, doch ihnen wurde nicht geglaubt. Andere wurden aufgefordert, darüber zu schweigen, oder erzählten gar nicht, weil ihnen sowieso nicht geglaubt wurde. Wieder andere waren so verstört, dass sie keine Worte fanden. Sie beklagten, dass ihr Verstörtsein den Eltern oder anderen nahestehenden Personen nicht aufgefallen sei.

Ein Trauma ist eine Wunde. Wenn eine solche Wunde körperlich auftritt, zum Beispiel bei einem schweren Beinbruch, dann brauchen die Menschen eine Schiene. Sie brauchen Medikamente, vielleicht sogar einen Verband, Schmerzmittel, Trost, ein gutes Buch oder ein Hörspiel (bei Kindern), also Unterstützung in jeder Art. Dann kann die Wunde wieder zusammenwachsen und heilen. Vielleicht bleiben Narben und die Wunde wird möglicherweise bei sehr starken Belastungen wieder schmerzen. Doch grundlegend kann die Wunde heilen. Erhalten die Menschen diese Unterstützung nicht, dann wächst die Wunde zwar auch irgendwie zusammen, aber sie heilt nicht. Sie wird immer wieder und jeden Tag schmerzen.

So verhält es sich auch bei seelischen Wunden. Kinder (und Erwachsene), die traumatische Erfahrungen machen mussten, brauchen Unterstützung. Gabriele Frick-Baer fragte die Betroffenen danach: »Was hätten Sie gebraucht?« Die Antworten waren eindeutig: »Trost, Verständnis, dass andere Menschen da sind …« Und sie hätten Parteilichkeit benötigt, also dass ihnen jemand sagt: »Du gehörst zu den Guten, die anderen gehören zu den Bösen. Du bist nicht schuld. Du bist nicht verantwortlich dafür, was dir passiert ist.« Spürende Begegnungen, auf die im Praxisteil des Buches noch einmal genauer eingegangen werden soll, wären ebenso wichtig für sie gewesen, d. h., vor allem mussten und wollten sie gesehen und gehört werden, um nicht mit ihrem Schmerz und ihrem Leid allein zu bleiben.

Diese Erkenntnis ist fundamental für das Verständnis von Trauma-Folgen und für eine traumasensible Begleitung. Ein Trauma hört nicht mit dem existenziell bedrohlichen Geschehen auf. Die »Zeit danach« gehört zum traumatischen Erleben. Sie entscheidet darüber, ob und wie die Wunden der Kinder heilen können. An der traumatisierenden Gewalt können wir nichts ändern, wenn sie geschehen ist. Aber wir können, wir müssen dafür sorgen, dass sich die traumatisierten Kinder in der Zeit danach nicht allein gelassen fühlen. Überall. Von den Eltern und von Ihnen in der Kita. Denn solange die Kinder nicht getröstet, gehalten und entlastet werden, ist die Zeit danach nicht vorbei.

Trauma bei Flüchtlingskindern

Kindergärten, Kindertagesstätten, Krippen und Co. haben viele Flüchtlingskinder aufgenommen. Sehr viele von ihnen sind traumatisiert. Bei manchen ist dies spürbar, bei anderen wird es sich erst in den nächsten Jahren zeigen. Sie sollten wissen, dass diese Kinder meistens nicht nur eine einzelne traumatisierende Erfahrung machen mussten, sondern einen traumatischen Prozess durchlaufen haben, der bestimmte Besonderheiten aufweist.

Der Beginn des Fluchtprozesses liegt bei vielen dieser Kinder in Erfahrungen im Herkunftsland, die sie traumatisierten oder ihnen zumindest Angst machten und sie extrem verunsicherten. Da herrschte Krieg. Da fielen Bomben. Da gab es Hunger und andere Not. Viele dieser Kinder haben in ihren Heimatländern solche Erfahrungen existenzieller Bedrohung machen müssen. Doch noch mehr: Die Trauma-Forschung belegt, dass es reicht, wenn Menschen Zeugen von traumatisierenden Gewalttaten werden, um selbst Trauma-Folgen mit sich zu tragen. Dem Kind in Syrien muss selbst nichts unmittelbar Schlimmes passiert sein. Wenn im Nachbardorf Häuser zerstört, vielleicht Schulkameraden verletzt oder getötet werden, dann »reicht« dies, um bei dem Kind Folgen hervorzurufen, als wäre es selbst unmittelbar in das Geschehen einbezogen. Denn Kinder wie Erwachsene können sich in andere Menschen hineinversetzen. Sie fühlen mit, die Freude und das Lachen, aber auch den Schmerz und den Schrecken.

Nach solchen Erfahrungen im Heimatland geht es weiter mit der nächsten Phase: Die Familie überlegt, ob sie fliehen soll oder nicht, wer flieht und ob einzelne Familienmitglieder vorausgeschickt werden sollen, um später die anderen nachzuholen, und auf welchem Weg. Diese Entscheidungsphase kann kurz sein oder länger dauern. Sie ist in jedem Fall von sehr hoher Spannung gekennzeichnet, die die Kinder mitbekommen. Denn immer wird jemand zurückgelassen, manchmal die Mutter, manchmal die Großeltern, Nachbarn und Freunde.

Und dann beginnt die Flucht, in der den Kindern neue traumatische Erfahrungen zustoßen können, ob im Schlauchboot im Mittelmeer oder an den Grenzen durch Not und Verfolgung. Ob in der Wüste als Kind jesidischer Familien oder in der wochen- und manchmal monatelangen Unsicherheit auf dem Weg nach Europa, nach Deutschland. Wenn die Kinder mit ihren Familien in Deutschland angekommen sind, sollte eigentlich zur Trauma-Heilung und -Stabilisierung eine Zeit der Sicherheit und des Halts beginnen. Doch diese Zeiten gibt es nicht, zumindest nicht schnell. Die Kinder leben in Flüchtlingsunterkünften. Sie spüren die Unsicherheit der Eltern über den Aufenthaltsstatus, den Wohnort, die Arbeitsmöglichkeiten und anderes mehr.

Der gesamte Fluchtprozess kann in verschiedenen Etappen traumatische Erfahrungen hervorrufen. Er ist ein lang anhaltender Prozess chronischer Beunruhigung und existenzieller Not. Das ist wichtig, zu wissen und zu verstehen. Die traumatische Erfahrung vieler geflüchteter Kinder ist mit der Ankunft in Deutschland noch nicht vorbei, sie wirkt oft weiterhin.

Kinder, die geflüchtet sind, weisen besondere Trigger auf, die bei anderen traumatisierten Kindern keine oder eine geringere Rolle spielen. Ein paar Beispiele:

- Eine Kita im Ruhrgebiet befindet sich neben einem Krankenhaus. Dort starten gelegentlich Rettungshubschrauber. Mehrere Kinder mit Fluchterfahrungen geraten in Panik, wenn sie die Geräusche des Hubschraubers hören. Was in Deutschland Rettungshubschrauber sind, waren für sie Anzeichen für Kampfhubschrauber, die Tod und Verderben mit sich brachten.

- Für viele Kinder, die geflüchtet sind, sind Uniformen ein Zeichen für Gewalt und Bedrohung. Wenn sie hier in Deutschland Uniformen sehen, macht ihnen das oft Angst. Diese Angst machenden Uniformen müssen nicht nur die von Polizisten oder Soldaten betreffen. Es reicht der uniformierte Sicherheitsdienst vor dem Jobcenter oder vor manchen Geschäften in der Fußgängerzone, ja, manchmal sogar Karnevalsuniformen.
- In einer Kita gerieten Kinder mit Fluchterfahrung in Panik, als der Wasserhahn defekt war und sie aus dem Nebenraum Wasserrauschen hörten. Sie waren über das Mittelmeer nach Italien oder Griechenland gekommen. Wasserrauschen ist für sie ein Geräusch, das mit Lebensgefahr verbunden ist. So auch in einer anderen Einrichtung, in der ein Kind panisch reagierte, wenn es zur Toilette gehen musste. Die Wasserspülung versetzte es in diesen körperlichen Zustand. Es trat so heftig gegen die Toilettentür, dass diese aus den Angeln fiel. Das Trauma setzte unglaubliche Kräfte frei. Nach und nach konnte eine frühpädagogische Fachkraft den Jungen so weit beruhigen und sein Vertrauen gewinnen, dass er an ihrer Hand eine Toilette aufsuchen konnte. Der Schutz der Intimität war belanglos. Er trat weit hinter den Schrecken zurück, den eine Toilette mit der Wasserspülung für ihn bedeutete.
- Oft erstarren traumatisierte, geflüchtete Kinder vor Angst. In einem Moment sind sie noch lebendig. In einem anderen werden sie sprachlos, bewegen sich kaum noch und geraten in eine Starre. Worin der jeweilige Auslöser besteht, ist nicht immer auszumachen. Dies kann ein Geräusch sein, ein Geruch, eine Farbe, eine bestimmte Art von Mensch – was auch immer.
- Viele traumatisierte Menschen, junge wie ältere, bleiben in ihrer Hocherregung, die das traumatische Ereignis ausgelöst hat, stecken. Viele Kinder mit Fluchterfahrungen leiden unter Schlafstörungen. Sie können schlecht einschlafen oder wachen im Schlaf auch mittags in der Kita plötzlich panisch auf.
- Die meisten der traumatisierten, geflüchteten Kinder leiden unter Ängsten. Manche überspielen diese Ängste, indem sie gar keine Angst zeigen und versuchen, als stark und tapfer zu gelten und sich so zu geben. Andere sind so voller Angst, dass sie sich kaum dem Spiel oder anderen Kindern zuwenden können.

Beispiel aus der Praxis

Zwei Kinder spielen wie viele andere in einer Ecke der Kita und kämpfen miteinander. Dieses körperliche Sich-aneinander-Messen ist üblich in diesem Alter. Viele Kinder, nicht nur Jungs, üben sich im Ringen, in Auseinandersetzungen, im Streiten und Kämpfen. Doch wenn Ali mitkämpft, wird es ernst. Dann betritt plötzlich eine Kriegsatmosphäre den Kindergarten. Der Kampf ist anders. Die Atmosphäre ist anders. Dies ist gar nicht so sehr an den Handlungen festzustellen, sondern eher in der atmosphärischen Anspannung und Aggressivität zu spüren. Eine Erzieherin versucht deshalb, Ali abzulenken, und puzzelt mit ihm. Nach einigen Minuten steckt Ali einige Puzzleteile so aneinander, dass sie zu einem Gewehr werden, und er beginnt, mit ihnen zu schießen ...

Noch ein Hinweis: Viele dieser Kinder sind voller Schreckensbilder. Sie lernen in der Regel sehr schnell und gut die deutsche Sprache. Doch manchmal ist der Kopf so voll mit Schrecklichem, dass nichts Neues hineinkommen kann. Dann muss das, was drin ist, erst einmal heraus, zum Beispiel, indem die Kinder malen. Sie gestalten dann oft Gewaltszenen. Wenn sich Menschen in diesem Moment für sie interessieren und nachfragen, zumindest interessiert hinschauen und das Malen dieser Bilder nicht verdammen oder ignorieren, kann sich manches aus dem Kopf entleeren. Dann malen sie irgendwann auch Bilder von Sonnenblumen oder von Bäumen und Häusern. Und es kann Neues in den Kopf hinein, zum Beispiel die deutsche Sprache.

Ein weiterer Hinweis besteht darin, dass es Unterschiede im kulturellen Verständnis der Begriffe »Trauma« und »Therapie« gibt. Das Wort »Trauma« ist in vielen der typischen Herkunftsländer unbekannt. Deswegen halten sich etliche Erwachsene und auch Kinder, die unter Trauma-Folgen leiden, für »verrückt« und versuchen, dies zu verbergen. Auch Begriffe wie »Therapie« können Angst hervorrufen, weil sie im Verständnis der geflüchteten Menschen nicht mit Hilfe verbunden sind, sondern mit der Drohung einhergehen, eingesperrt zu werden oder dass die Familie auseinandergerissen werden könnte. Therapie, wie wir sie in Europa verstehen, ist für viele Menschen aus den Herkunftsländern unbekannt. Wenn Sie solche empfehlen, sollten möglichst andere Formulierungen verwendet, vor allem aber der Inhalt der Hilfe beschrieben werden.

Woran Traumata erkennen?

Es gibt keine allgemeingültigen Listen von Symptomen, an denen erkannt werden kann, ob ein Kind traumatische Erfahrungen machen musste. Es gibt Hinweise – nicht mehr, aber auch nicht weniger. Der wichtigste Hinweis besteht darin, dass Kinder nach einer traumatischen Erfahrung verstört sind. Sie verhalten sich nicht mehr so wie vorher. Sie wirken anders, zeigen Verhaltensänderungen unterschiedlicher Art.

Jedes Kind reagiert anders. Aber das Verstörtsein ist ein gemeinsam auftretendes Merkmal. Manche Kinder werden sehr unruhig, sind reizbar und schreckhaft. Andere ziehen sich eher zurück. Wieder andere werden aggressiv gegenüber ihrer Umgebung, um einem erneuten Kontrollverlust vorzubeugen. Häufig treten auch Verhaltensweisen auf, die einer früheren Entwicklungsstufe der Kinder entsprechen (im Fachterminus spricht man von »regredieren«). Das heißt, bestimmte Fähigkeiten, die sie bereits erworben haben, gehen verloren; das zeigt sich zum Beispiel in der Sprache oder im Sauberkeitsverhalten oder in anderen Kompetenzen. In jedem Fall haben Kinder während eines traumatischen Erlebens ein Gefühl von Ohnmacht und Hilflosigkeit erleben müssen, was sie unsicher macht und bei ihnen die bereits beschriebenen Verhaltensweisen auslöst.

Noch einmal ist zu betonen: Es gibt keine verbindlichen Listen mit Phänomenen, an denen sich traumatische Erfahrungen festmachen lassen. Es sollte immer ein Gesamtbild hergestellt werden, um ggf. einem Verdacht nachzugehen.

- Viele Kinder mit traumatischen Erfahrungen zeigen Ängste. Manchmal knüpfen sich diese Ängste an Trigger, die für die Kinder Anzeichen sind, dass sich das Trauma-Erleben wiederholen kann (zum Beispiel laute Schritte, Knallgeräusche, Berührungen). Oft existieren auch frei flottierende Ängste, die keinen traumabedingten Anlass kennen, sondern hier und dort scheinbar willkürlich auftauchen.
- Bei manchen Kindern drängen die schlimmen Erinnerungen immer wieder nach vorne. Man nennt diesen Vorgang »Flashback«. Wie ein Blitz werden Szenen oder Ausschnitte der traumatisierenden Situation lebendig, als würden sie jetzt geschehen.
- Viele Kinder mit traumatischen Erfahrungen werden gegenüber anderen Menschen misstrauisch, was verständlich ist nach dem, was ihnen widerfahren ist. Das Zutrauen, auch gegenüber den Fachkräften, sinkt plötzlich. Manchmal kombinieren Kinder ein allgemeines Misstrauen mit besonderer Hinwendung zu einer einzelnen Person, zu der Vertrauen besteht.

- Im Spiel wiederholen Kinder manchmal die traumatische Erfahrung, ohne dass es ihnen bewusst ist. Es kann sowohl im Spiel unter Kindern als auch mit Fachkräften geschehen. Häufig wiederholen Kinder solche Ereignisse – oft verfremdet – im Spiel mit Puppen, Playmobilfiguren und Tieren.
- Viele Kinder klagen über kontinuierliche Bauch- oder Kopfschmerzen. Ihr seelisches Leid findet keine Worte, ihr Körper »spricht« deshalb für sie.
- Kinder zeigen immer wieder blaue Flecken, für die es keinen nachvollziehbaren Anlass gibt. Gerade mit diesem Phänomen sollte man jedoch sehr sensibel umgehen und nicht vorschnell urteilen. Ein Einschätzen der Gesamtsituation ist äußerst wichtig.
- Manche Kinder zeigen einen plötzlichen Leistungsabfall. Vorhandene Fähigkeiten gehen verloren.
- Viele Kinder haben plötzlich Schwierigkeiten, etwas zu behalten. Ihre Gedächtnisfähigkeiten lassen nach.
- Andere Kinder leiden unter Schlafstörungen. Manche können nicht einschlafen, andere schrecken im Schlaf plötzlich hoch.
- Kinder zeigen sexualisiertes Verhalten. Sie benutzen obszöne Worte und spielen Geschlechtsverkehr, meist ohne zu wissen, was damit gemeint ist.

Was tun bei Verdacht?

Wie schon mehrmals erwähnt: Ein einzelnes Anzeichen kann für Sie keine sichere Erkenntnis sein, dass ein Kind sexuelle oder andere Gewalt erfahren hat und traumatisiert ist. Es braucht ein Bündel von Phänomenen, die wahrgenommen werden müssen und aus denen sich dann ein Gesamtbild ergeben sollte. Jeder Verdacht sollte und muss ernst genommen werden. Dieser ist dann noch keine sichere Erkenntnis, sondern eine Vermutung, der im Interesse des Kindes nachgegangen werden muss. Dabei helfen die folgenden fünf Schritte:

1. Wenn ein Verdacht auf traumatische Erfahrungen entstanden ist, müssen weiterhin Eindrücke und Beobachtungen gesammelt werden, auch Bilder, die das Kind malt, Szenen, die es spielt, Verhaltensbeobachtungen und Worte, die es äußert. Wie zeigt sich seine Verstörtheit? Gibt es Ängste? Was ist anders als vorher? usw.
2. Es sollte sofort mit Kolleg/innen in der Einrichtung gesprochen werden, um Erfahrungen auszutauschen, und auch alle Mitglieder des Teams sollten darum gebeten werden, Eindrücke und Beobachtungen zu sammeln. Schreiben Sie diese Eindrücke und Beobachtungen auf. Besonders ist darauf zu achten, ob sich im Spiel bestimmte Szenen wiederholen, die Gewalt und/ oder sexuelle Handlungen betreffen.

3. Warten Sie nicht ab, bis eine endgültige Diagnose getroffen werden kann, ob ein Trauma vorliegt oder nicht. Das Kind braucht sofort Stärkung. Deswegen sollten sich alle beteiligten Fachkräfte darum bemühen, dem Kind besondere Aufmerksamkeit zu schenken, ihm Halt zu geben und es insbesondere mit den »spürenden Begegnungen« zu unterstützen. Die genaue Erläuterung die und Anwendungsmöglichkeiten der »spürenden Begegnungen« finden Sie im Praxisideen-Teil des Buches.
4. Die Leiterin bzw. der Leiter der Gruppe sollte sich bei den Eltern des Kindes erkundigen, ob etwas Besonderes vorgefallen ist. Es geht nicht darum, sofort einen Verdacht auf eine traumatische Erfahrung hin auszusprechen, sondern zu sagen: »Bei Ihrem Kind gibt es in der letzten Zeit Veränderungen im Verhalten, im Fühlen, im Spielen … Ist etwas vorgefallen, was der Hintergrund dafür sein kann? Gibt es zum Beispiel einen Trauerfall oder Konflikte oder Ähnliches?« Bei Kindern, die mit traumatisierenden Fluchterfahrungen in die Kita kommen, haben Sie allerdings keine Möglichkeit, Veränderungen zu beobachten. Hier ist es notwendig, sich möglichst bei Eltern nach eventuellen Hintergrunderfahrungen zu erkundigen. Vor allem sollte beobachtet werden, ob das Verstörtsein durch den Aufbau von Beziehungen und Geborgenheit in der Kita schwindet oder sich verstetigt. Letzteres ist ein starker Hinweis auf Traumatisierungen.
5. Schließlich sollte, wenn der Verdacht innerhalb von zwei bis drei Wochen stärker wird und sich keine Änderung des Verhaltens zeigt, Hilfe geholt werden. Anlaufstellen können Trauma-Beratungsstellen sein oder der Kinderschutzbund bzw. das Jugendamt. Die Kontaktstellen können im Internet recherchiert oder bei der Stadtverwaltung bzw. beim Träger der Kindereinrichtung erfragt werden. Welche kommunalen Kontaktstellen es gibt und wie diese bezeichnet werden, ist örtlich sehr verschieden.

Keine Angst vor Gefühlen

Wenn ein Kind, das traumatische Erfahrungen erleben musste, mit Interesse und Zuneigung begleitet wird, kann das dazu führen, dass in dem Kind Gefühle lebendig werden. Ein Kind malt zum Beispiel ein traumatisches Ereignis. Die Fachkraft interessiert sich dafür. Das Kind spürt das, wird aufgeregt und zeigt Ängste. Manche Menschen denken, das sei eine erneute Traumatisierung des Kindes. Dem ist nicht so. Wenn das Kind sich öffnet und eine Beziehung mit einer vertrauten Person aufbaut, dann können und werden häufig Gefühle sichtbar und lebbar, die das Kind beschäftigen. Es ist für das Kind gut, dass es diese Gefühle teilt. Es hilft, dass die Kinder nicht allein sind, sondern dass andere da sind, die zuhören, sich interessieren, trösten und begleiten.

Es gibt keine eindeutige Abgrenzung zwischen einer »Normalität« und dem »Trauma-Erleben«, das als »Retraumatisierung« wieder aufleben kann. Es gibt ein massives Trauma-Erleben und es gibt viele kleine und größere Aspekte des Erlebens, die infolge eines Traumas lebendig sind und immer wieder in den Vordergrund treten können. Dazu gehören Ängste, Tränen, Zittern, Stockungen und weitere Ausdrucksformen. Wenn ein Kind oder eine Erwachsene bzw. ein Erwachsener von der Flucht erzählt und dabei Tränen fließen oder die Aufregung steigt, dann ist das noch lange keine »Retraumatisierung«, sondern lebendiger Ausdruck der schmerzhaften Erfahrungen, die sich lösen.

Selbstverständlich werden Sie kein Kind auffordern, traumatische Erlebnisse zu schildern. Dies kann Bestandteil einer Therapie werden, muss aber auch dabei gar nicht notwendig sein. Für eine therapeutische Behandlung, in der man sich tiefer mit dem Trauma auseinandersetzt, braucht es Fachleute, die damit umgehen können und das Kind professionell unterstützen.

Entscheidend ist, dass Sie das Kind nicht allein lassen, wenn es starke Gefühle zeigt, dass Sie es unterstützen, halten und begleiten. Interessieren Sie sich für das Kind und seien Sie da ohne besonderen Aktionismus, sondern mit helfender Hand und Fürsorge. Das unterstützt, das hilft, das stärkt.

Was tun bei »seltsamen« Gefühlen traumatisierter Kinder?

Traumatische Erfahrungen bewirken in den Kindern, dass sie in all ihrem Erleben erschüttert sind. Dazu gehört auch ihr Gefühlsleben. Manche Gefühle verschwinden scheinbar, andere werden stärker, wieder andere verändern sich in ihren Inhalten und ihrem Ausdruck. Deswegen werde ich in den folgenden Abschnitten auf einige dieser Gefühle eingehen, die Veränderungen durch traumatische Erfahrungen beschreiben, und Ihnen Hinweise geben, wie Sie damit umgehen können.

Neugier

Neugier ist ein Gefühl, das häufig unterschätzt wird. Es macht sich negativ bemerkbar, wenn Eltern genervt sind, weil das Kind »zu« neugierig ist und fragt und fragt und fragt, oder wenn die Neugier und das Interesse eines Kindes schwinden, wenn die Fähigkeit, sich für Dinge und Menschen zu interessieren oder gar zu begeistern, verloren geht. Ein solcher Verlust kann starke Auswirkungen auf die Kinder haben. Denn Neugier und Interesse öffnen die Türen zur Welt. Indem Kinder sich für Dinge interessieren, wenden sie sich ihnen zu und beschäftigen sich damit. Worauf sie neugierig sind, fragen sie, erkunden sie mit Händen und mit Worten, mit all ihrem Handeln und eignen sich die Welt an.

Manche Kinder sind neugieriger als andere, doch alle Kinder werden mit Neugier und Interesse für ihre Umwelt geboren. Sie brauchen Unterstützung, diese Neugier zu leben und zu entfalten.

Durch den Schock einer traumatischen Erfahrung kann die Neugier ausgebremst werden oder gar erstarren. Die Welt ist für das Kind nicht mehr von Interesse, sie hat sich als feindlich und verletzend gezeigt, sodass die Flamme der Neugier und damit der Impulse, sich der Welt zuzuwenden, erloschen ist. Dies zeigt sich oft im geringeren Explorationsdrang oder im Ausbleiben von Nachfragen. Auch der Blick mancher Kinder wird stumpf und ist mehr nach innen als nach außen gerichtet. Oft wird dieses dauerhafte Erlöschen der Neugier nicht sofort sichtbar, sondern offenbart sich erst nach einiger Zeit.

Wenn Sie eine Verringerung oder ein Erlöschen der Neugier eines traumatisierten Kindes feststellen, dann reicht es nicht, dem Kind interessante Dinge anzubieten. Durch den Schock der traumatischen Erfahrung ist vielen Kindern der innere Gradmesser verloren gegangen, was interessant sein könnte und was nicht. Um die Neugier wiederzubeleben und das Interesse neu zu entwickeln, braucht es zunächst einmal einen geschützten Raum. Es ist wichtig, dass das Kind viel Vertrautes um sich hat, vertraute Menschen, vertraute Gegenstände, vertrautes Spielzeug. Erst wenn es darin und dabei ein Gefühl der Sicherheit entwickelt, kann das Kind seine Neugier wiederbeleben. Der Weg der Wiederbelebung führt darüber, mit vertrauten Gegenständen, zunächst mit vertrautem Spielzeug, zu spielen und dabei neue Spielformen zu entwickeln. Dann kann folgen, sich neuem Spielzeug, neuen Gegenständen, neuen Büchern zuzuwenden. Es sind kleine Schritte vonnöten.

Schützen Sie das Kind vor zu viel Neuem, regen Sie zunächst kleine Veränderungen im vertrauten Rahmen an!

Angst

Alle Kinder haben Angst. Angst ist ein nützliches Gefühl, denn es bewahrt Kinder (und Erwachsene) davor, sich in gefährliche Situationen zu begeben. Wenn wir Trauma-Folgen betrachten, geht es also nicht um die Angst an sich, sondern vor allem um das Maß der Angst. Viele traumatisierte Kinder sind im Nachklang extrem angstvoll. Sie wurden und sie fühlten sich existenziell bedroht und konnten dies nicht bewältigen. Also ist es nachvollziehbar, dass ihre Angst steigt, manchmal sogar ins Unermessliche.

Zusätzlich können oft Trigger, die ich schon beschrieben habe, Auslöser für Ängste sein. Zum Beispiel durch den Knall einer Tür, der sich wie das Geräusch eines Schusses anhört, kann die Kriegserfahrung von geflüchteten Kindern wieder lebendig werden und sie bekommen Angst. Doch auch über solche Trigger hinaus verfestigt sich in vielen Kindern die Ängstlichkeit. Es entstehen frei flottierende Ängste, die sich meist gar nicht an konkreten Geschehnissen festmachen, sondern umherschwirren und nicht zu greifen sind. Diese Kinder brauchen Trost und Wärme, Unterstützung und Halt, wie ich es immer wieder beschrieben habe. Darüber hinaus ist es hilfreich, sich mit den Kindern einzeln oder in der Gruppe generell dem Thema Angst zu widmen. Und dazu können Geschichten aus Büchern oder Bilderbüchern hinzugezogen werden, zum Beispiel folgende:

Bilderbuchtipps zum Thema Angst

- *»Hast du Angst?«, fragte die Maus* von Rafik Schami, Beltz & Gelberg
- *Fünfter sein* von Ernst Jandl und Norman Junge, Beltz & Gelberg
- *Rosi in der Geisterbahn* von Philip Waechter, Beltz & Gelberg
- *Frosch hat Angst* von Max Velthuijs, Beltz & Gelberg
- *Trau dich, Koalabär* von Rachel Bright, Magellan
- *Ich und meine Angst* von Francesca Sanna, NordSüd Verlag

Besonders wichtig ist, dass Sie als frühpädagogische Fachkraft die Angst ernst nehmen – also nicht sagen: »Ist doch nicht so schlimm« oder: »Hier passiert doch nichts!« Sie sollten immer zuerst einmal andocken und dem Kind zeigen: »Ja, du hast Angst und deine Angst nehme ich ernst.« Als zweiter Schritt hilft dann, zu versuchen, die Angst möglichst zu konkretisieren: »Wovor hast du Angst?«, »Was kann dir konkret passieren?« Je konkreter eine Angst wird, umso mehr können Sie helfen. Wenn ein Kind davor Angst hat, dass sich ein Schatten zeigt, dann kann das Licht auf diese Schattenstelle gerichtet werden. Wenn Kinder sich vor lauten Geräuschen ängstigen, kann man die Quelle dieser Geräusche erkunden und dem Kind die Sicherheit vermitteln, dass zum Beispiel von der zuschlagenden Tür keine Gefahr ausgeht. Doch der Anfang und der Boden sollten immer darin bestehen, dass Sie die Ängstlichkeit der Kinder achten und nicht zu verharmlosen versuchen.

Achten Sie die Kinderängste und versuchen Sie, sie zu konkretisieren, um den Kindern möglichst viel Sicherheit vermitteln zu können.

Zorn

Ein Kind ist manchmal ärgerlich, zornig, wütend und zeigt dies auch. Die Kinder teilen uns dadurch mit, dass sie etwas anders haben wollen. Die Mutter soll nicht weggehen, sie möchten das Essen nicht aufessen, sie wollen beim Spiel gewinnen ... Das ist der Sinn und der Nutzen der aggressiven Gefühle: Sie zielen auf Veränderung ab und zeigen, dass Kinder eine solche Veränderung bewirken wollen. Mit den aggressiven Gefühlen umzugehen, gehört zu Ihrem pädagogischen Alltag. Indem Sie gemeinsam mit den Kindern eine Geschichte lesen, können Sie über dieses starke Gefühl Zorn nachdenken und sprechen. Hierfür eignen sich beispielsweise folgende Bilderbücher:

Bilderbuchtipps zum Thema Zorn und Wut

- *Wenn Lisa wütend ist* von Janisch/Olten, Beltz & Gelberg
- *Schreimutter* von Jutta Bauer, Beltz & Gelberg
- *So war das! Nein, so! Nein, so!* von Kathrin Schärer, Beltz & Gelberg
- *Robbi regt sich auf* von Mireille d' Allancé, Beltz & Gelberg
- *Mein Gewittertag: Das Glück, Wut zu fühlen – ein Kinderbuch über Gefühle für wütende Jungen und Mädchen* von Jule Wellerdiek, Sinn und Unsinn Kinderbücher
- *Wenn ich wütend bin: Zum Mitmachen und Wutabbauen* von Nanna Neßhöver, Carlsen

Doch bei Kindern, die traumatische Erfahrungen gemacht haben, können der Zorn oder die Wut besondere Qualitäten zeigen, die über die Alltagserfahrungen hinausgehen:

- Manchmal ist der Zorn maßlos. Die Verletzung, die den traumatisierten Kindern zugefügt wurde, war auch maßlos. Also hat auch der Zorn darüber, dass ihnen Verletzungen zugefügt wurden, kein Maß.
- Der Zorn dieser Kinder ist häufig mit Hilflosigkeit gepaart. Denn in dem traumatischen Geschehen waren die Kinder auch hilflos. Oft führen dann Zornesausbrüche dazu, dass die Kinder »sich nicht mehr einkriegen«, also nicht mehr aufhören können und nicht beruhigt werden können. Auch die frühpädagogischen Fachkräfte werden hilflos und spüren das gleiche Gefühl, das den Kindern innewohnt.
- Wenn Kinder in einer Kita zum Beispiel miteinander kämpfen und Indianer oder Cowboy spielen, dann gehört das oft zum Alltag. Doch wenn Flüchtlingskinder, die traumatisiert sind, sich an diesem Spiel beteiligen, dann mag dies äußerlich ähnlich ablaufen wie bei anderen Kindern, doch die Atmosphäre wird eine andere, sie wird ernst, sie wird gewalttätig. Es entsteht eine Atmosphäre des Krieges. Sie als Fachkraft und oft auch andere Kinder spüren, dass es hier um mehr geht: um Leben und Tod. Dies zu erkennen, ist wichtig.

Die Quelle all dieser Gewalt, ob Ausbrüche oder Formen aggressiver Gefühlsäußerungen, liegt in der traumatischen Erfahrung und vor allem darin, dass die Kinder so allein und hilflos waren. Um dieser traumabedingten Aggressivität »das Wasser abzugraben«, ist es notwendig, am Kern anzusetzen und den Kindern immer wieder Schutz und Fürsorge anzubieten: »Ich bin für dich da.«, »Du bist nicht allein.«, »Ich passe auf dich auf.« … Dessen ungeachtet müssen auch diese Kinder gestoppt werden, müssen Regeln eingehalten werden, müssen Sie sich selbst und die anderen Kinder vor Verletzungen schützen. Zwischen dem Grenzen setzenden Einschreiten und der fürsorglichen Unterstützung darf es kein Entweder-oder geben, sondern ein großes UND!

Eine weitere Hilfe, um die Quellen der Zornesausbrüche und Gewaltattacken trockenzulegen, sind Erfahrungen der Wirksamkeit. Wenn Kinder greifen und mit ihren Händen etwas gestalten können, wenn sie mit Pappmaschee oder Holz bauen oder bei Alltagstätigkeiten helfen können, dann baut sich ihr Gefühl von ohnmächtiger Wirkungslosigkeit allmählich ab. Dann können in der Folge bei den meisten Kindern die Zornesausbrüche schwächer und seltener werden.

But last not least: Die Kinder müssen immer wieder hören: »Du bist gut, du bist o. k., ich schätze dich, ich mag dich.« Denn daran zweifeln sie nach ihren traumatischen Erfahrungen. Weil ihr »Nein« nicht gehört wurde, ist auch ihr Selbstwertgefühl gestört oder gar zerstört.

Der Zorn ist nicht das Problem, sondern die Maßlosigkeit und die Hilflosigkeit! Dies zu verstehen und Erfahrungen der Wirksamkeit und Stärkung des Selbstwertgefühls helfen.

Misstrauen

Dass eine traumatische Erfahrung dazu führt, dass Kinder misstrauisch gegenüber anderen Menschen, ja, gegenüber der Welt werden, habe ich schon mehrmals erwähnt. Wenn Menschen, denen sie vertrauen, ihnen Gewalt antun, wenn sie in Situationen, die sie als vertraulich erlebt und in denen sie auf den Schutz der Erwachsenen vertraut haben, in existenzielle Bedrohungen gestürzt werden, dann bricht die Welt zusammen und damit auch das Vertrauen in die Welt.

Deswegen ist das Misstrauen traumatisierter Kinder von anderer Qualität als die misstrauische Scheu vielleicht vor Neuem und Fremdem, wie sie jedes Kind spürt und zeigt.

Entscheidend ist, dass diesen Kindern das Recht zugesprochen wird, misstrauisch zu sein – auch wenn sich das Misstrauen zu seltsamen Gegebenheiten zeigt. Es kann vorkommen, dass ein Kind plötzlich misstrauisch gegenüber den Speisen ist, die es zum Mittagessen gibt. Oder es beginnt mit einer Fachkraft der Kita zu fremdeln, mit der es früher lange gut und gerne gespielt hat. Das Misstrauen dieser Kinder ist berechtigt und ernst zu nehmen, auch wenn es für Sie nicht nachvollziehbar ist. Das sollten wir ihnen auch sagen. UND dann brauchen die Kinder kleine Schritte, sehr kleine Schritte, um sich an der sicheren Hand wieder Neuem oder früher Vertrautem zuzuwenden. Um diesen Prozess zu unterstützen, brauchen Sie Zeit und Geduld. Oft haben die Kinder keine Worte für ihr Misstrauen, oft zeigen sie es nur als Scheu, manchmal auch als Ängstlichkeit oder indem sie einfach etwas nicht tun, Handlungen unterlassen, die sie vor der traumatischen Erfahrung schon unternehmen konnten. Diese Phänomene sollten Sie als Ausdruck des Misstrauens erkennen und entsprechend darauf reagieren.

Misstrauen macht für die Kinder Sinn. Geduld und kleine Schritte sind vonnöten!

Schuldgefühle

Um die trauerbedingten Schuldgefühle zu verstehen, ist es wichtig, dass Sie zwischen Schuld und Schuldgefühlen unterscheiden können. Es gibt viele Menschen, die Schuld auf sich geladen haben, aber keine Schuldgefühle spüren, darunter nach meinen Erfahrungen die meisten Täter/innen. Und es gibt Opfer, die Schuldgefühle haben, aber keine Schuld. Meine Kolleg/innen und ich haben bei größeren Kindern, bei Jugendlichen und Erwachsenen fast immer beobachtet, dass sich die Opfer von sexueller Gewalt oder anderer Gewalt schuldig fühlen. Vernünftig ist dies nicht zu erklären, denn sie waren Opfer und ausgeliefert. Wie kann man sich da schuldig fühlen? Doch es gibt die »Schuldgefühle der Opfer«. Gerade bei Kindern, denen etwas so Schlimmes widerfährt, entsteht eine Fassungslosigkeit. Die Gewalt-Erfahrung übersteigt den Rahmen dessen, wie die Kinder die Welt verstehen und sich in der Welt einordnen können. Also versuchen sie offenbar unbewusst, ein Stück Mitverantwortung zu übernehmen, um das ganze Geschehen wenigstens erklärbar zu machen. Und schon spüren die Kinder, dass sie selbst schuldig sind. Dazu kommt, dass viele Täter den Kindern Schuldgefühle zu machen versuchen: »Du willst das doch …«, »Wehe, du erzählst was, sonst …!« All dies wirkt nach. Sie müssen davon ausgehen, dass Kinder mit traumatisierenden Erfahrungen unter Schuldgefühlen leiden.

Kinder im Vorschulalter können ihre Schuldgefühle nur selten deutlich artikulieren. Doch Sie können sicher sein, dass traumatisierte Kinder spätestens ab vier Jahren über Schuldgefühle verfügen. Diese Kinder brauchen neben der Ich-Stärkung immer wieder den Satz: »Du bist nicht schuld!« Die Kinder brauchen Parteilichkeit, sie brauchen Worte und Handlungen, die ihnen zeigen, dass sie zu den Guten gehören und andere zu den Bösen. Das mag sich banal anhören, ist aber für die Kinder existenziell wichtig, um das Geschehen in ihr Weltbild einfügen zu können.

Zeigen Sie den Kindern: »Du bist nicht schuld!«

Trauer

Wenn Menschen etwas verlieren, dann trauern sie und mit dem Trauern können sie diesen Verlust, zumindest nach und nach, bewältigen. Wird Trauer verboten oder bleibt ungelebt, dann gelingt oft das Loslassen nicht.

Deswegen ist es für alle Kinder wichtig, dass sie, dass wir das Traurigsein erlauben und so das Loslassen unterstützen. Trauern, weinen, jammern, klagen

– all das lindert den Schmerz. Mit jeder Träne verlässt ein Stück des Kummers unsere Seele und unser Herz. Dass Sie diese Haltung vorleben und offensiv vertreten, hilft traumatisierten und anderen Kindern. Es schützt sie auch davor, ausgelacht zu werden, wenn sie weinen.

Traumatisierte Kinder haben viel Anlass zum Weinen, denn sie haben viel verloren. Doch häufig sind sie nicht in der Lage, ihre Traurigkeit zu leben. Das traumatische Geschehen führt bei vielen Kindern dazu, dass sie erstarren und dass ihr Schmerz in der Starre gleichsam einfriert. Manche dieser Kinder können deswegen nicht mehr weinen und auch sonst nicht ihre Traurigkeit zeigen. Die Folge ist, dass ihnen nicht nur das Gefühl der Trauer verloren geht, sondern dass dadurch der Schreck und der Schmerz der traumatischen Erfahrung gleichsam miteingefroren und so erhalten wird.

Es ist deswegen begrüßenswert, wenn diese Kinder anfangen, zu trauern. Sie können die Kinder darin ermutigen, indem Sie von Ihrer eigenen Traurigkeit erzählen. Bringen Sie die Erlaubnis, zu trauern, in den Kitaalltag ein, mit Büchern und Geschichten, in denen Menschen oder Tiere und andere Lebewesen traurig sind und das teilen.

Bilderbuchtipps zum Thema Trauer und Traurigsein

- *Nusret und die Kuh* von Anja Tuckermann, Tulipan
- *Für immer* von Kai Lüftner/Katja Gehrmann, Beltz & Gelberg
- *Opas Insel* von Benji Davies, Aladin
- *Gehört das so??! Die Geschichte von Elvis* von Peter Schössow, Carl Hanser
- *Ein Ort für meine Traurigkeit: Eine Geschichte über den Umgang mit dem Traurigsein* von Anne Booth und David Litchfield, Gabriel Verlag

Wenn traumatisierte Kinder beginnen, ihre Trauer zu zeigen, ist das zumeist ein Zeichen dafür, dass das Schlimmste vorbei ist, dass der Prozess der Trauma-Verarbeitung in Gang kommt.

Unterstützen Sie jede Art, wie die Kinder Traurigkeit zeigen und teilen!

Scham

Alle Kinder und auch wir Erwachsene kennen dieses unbeliebte Gefühl: Wir schämen uns. Worüber wir uns schämen und in welcher Weise wir dies ausdrücken, ist bei jedem Menschen unterschiedlich. Kinder mit traumatischen Erfahrungen zeigen oft eine besonders intensive Scham. Diese tritt in vielen Situationen auf, die von anderen oft so eingeschätzt werden, als wäre eine Schamreaktion »unnötig« oder »unsinnig«. Andere Kinder mit traumatischen Erfahrungen schämen sich gar nicht mehr. Sie wirken schamlos. Um dies zu verstehen, müssen die Schamgefühle etwas genauer betrachtet werden. Wir unterscheiden zwischen natürlicher Scham und Beschämung.

Die natürliche Scham ist der Wächter unserer Intimität. Das ist ihr Sinn. Dieses Gefühl tritt auf, wenn wir etwas Intimes preisgeben oder preiszugeben drohen. Dieses Gefühl der natürlichen Scham entwickelt sich bei Kindern im Vorschulalter in unterschiedlichem Maße und in unterschiedlicher Art und Weise. Manche schämen sich ihres Nacktseins, andere, wenn sie Fehler gemacht haben. Susen schämt sich, wenn sie etwas singen soll, Achim, wenn er seine Hose zerrissen hat. Wenn Fehler und Unzulänglichkeiten, reale und vermutete, öffentlich werden oder zu werden drohen, tritt diese Scham auf. Ihre Entwicklung ist zu unterstützen, ist notwendig, denn die Schamgefühle werden den Kindern im weiteren Leben dabei helfen, ihre intimen und persönlichen Grenzen zu bewahren.

Durch traumatische Situationen, insbesondere sexueller Gewalt, werden die Grenzen der Intimität gewaltsam durchstoßen. Dies kann bei Kindern dazu führen, dass sie keine Scham mehr spüren und zeigen können. Sie verhalten sich schamlos, ja, provozieren sogar schamlose Situationen – also Situationen, bei denen andere Menschen, wie Sie als frühpädagogische Fachkraft, beginnen, sich an deren Stelle zu schämen. Solche Kinder brauchen Unterstützung darin, ihre natürliche Scham wiederzugewinnen. Dies gelingt vor allem dadurch, dass sie sich geschützt und geborgen fühlen und indem ihnen immer wieder vermittelt wird, dass sie das Recht haben, ihre Grenzen zu schützen, und dass andere auf sie aufpassen.

Die Beschämung kommt, anders als die natürliche Scham, nicht von innen, sondern von außen. Kinder werden ausgelacht und vorgeführt. Intimes wird an die Öffentlichkeit gezerrt. Die Kinder fühlen sich in ihrer Intimität preisgegeben.

Das Gefühl, beschämt zu werden, und das Gefühl der natürlichen Scham fühlen sich ähnlich an. Doch haben beide Qualitäten der Scham sehr unterschiedliche Bedeutung. Die natürliche Scham sollte gestärkt werden, die Beschämung zurückgewiesen werden. Kinder brauchen den Schutz vor Beschämung. Alle.

Traumatisierte Kinder benötigen dies in besonderer Weise. Oft sind diese Kinder bloßgestellt worden. Oft fühlen sie sich »anders« als andere. Oft werden sie wegen ihrer sogenannten Marotten und Besonderheiten in ihrem Verhalten und Erleben belächelt oder ausgelacht. Davor müssen diese Kinder geschützt werden so gut dies möglich ist.

Vermeiden Sie Beschämung, schützen Sie traumatisierte Kinder davor, beschämt zu werden.

Einsamkeit

Viele Kinder fühlen sich phasenweise einsam. Sie vermissen einen Freund oder haben eine Freundin verloren. Manche fühlen sich unverstanden und mit ihrem Kummer allein gelassen. Deshalb ist es wichtig, über dieses Gefühl zu sprechen, zu sehen und zu hören, dass auch andere manchmal einsam sind. Mit den folgenden Bilderbüchern können Sie Gesprächsanlässe in einer geborgenen und sicheren Atmosphäre schaffen:

Bilderbuchtipps zum Thema Einsamkeit

- *Wenn du eine Sternschnuppe siehst, wünsch dir was* von Sang-Keun Kim, Beltz & Gelberg
- *Nick und der Wal* von Benji Davies, Aladin
- *Der Besuch* von Antje Damm, Moritz
- *Irgendwie anders* von Kathryn Cave und Chris Riddell, Oetinger

Solche Phasen der Einsamkeitsgefühle kommen und gehen. Bei traumatisierten Kindern können sich Gefühle der Einsamkeit festsetzen und zu einem Dauerzustand werden, sodass die Kinder sehr stark unter diesem Gefühl leiden.

Warum ist das so? Dafür gibt es mehrere Gründe. Kinder mit traumatischen Erfahrungen haben etwas erlebt, was andere Kinder nicht erlebt haben. Auch wenn sie nicht darüber sprechen können oder wollen, spüren sie, dass sie diese einzigartige Erfahrung mit anderen nicht ohne Weiteres teilen können. Selbst wenn andere sich darum bemühen, die Kinder mit ihrem Erleben zu verstehen, so bleibt es doch etwas Einzigartiges. Das kann einsam machen.

Hinzu kommt das Misstrauen, das schon thematisiert wurde. Wer von seiner Umwelt Gewalt erfahren hat, wird der Umwelt nicht nur kein Vertrauen entgegenbringen, sondern sie misstrauisch beäugen. Dies kann dazu führen, dass Kinder Angebote der Begegnung oder Freundschaft zurückweisen und zumindest erst einmal so vorsichtig und abwartend mit diesen Angeboten umgehen, dass dies von den anderen als Zurückweisung angesehen wird.

Was brauchen diese Kinder, um der Einsamkeit entgegenzuwirken? Sie brauchen stärkende Begegnungen. Besonders wichtig sind die fünf spürenden Begegnungen, die im Praxisteil des Buches beschrieben werden. Wenn Kinder sich im gemeinsamen Spielen, beim Essen, im Alltag gesehen und gehört fühlen, wenn sie sich anlehnen können, aber auch greifbar sind und greifen dürfen, dann fördert das ihre Möglichkeiten, anderen zu begegnen.

Und diese Kinder brauchen Erfolgserlebnisse, die sie stärken. Wer mit anderen gemeinsam ein Bild malt oder auf ein Klettergerüst klettert, wer Fangen oder Verstecken spielt und dabei lachen darf, der wird Wege aus der Einsamkeit finden.

Spürende Begegnungen sind der Weg aus Einsamkeitsgefühlen.

Mitgefühl

Das Mitgefühl ist die Fähigkeit, sich in das Leid und in die Freude anderer Menschen hineinzuversetzen. Lachen steckt an, genauso wie der Schmerz und das Weinen. Das Mitgefühl ist ein besonders wichtiges Gefühl für ein humanes Miteinander. Das Leid oder auch das mögliche Leid des anderen zu spüren, bremst die eigene Aggressivität und fördert die Solidarität. Alle Kinder verfügen über die Fähigkeit zum Mitgefühl, auch im Vorschulalter. Wie sie es leben und wie sie es umsetzen, das müssen sie lernen. Dafür brauchen sie gute Vorbilder durch uns Erwachsene.

Traumatisierte Kinder zeigen manchmal seltsam erscheinende Formen des Mitgefühls. Manche sind durch ihre traumatischen Erfahrungen so dünnhäutig geworden, dass sie es kaum aushalten, wenn jemand anderes einen Schmerz empfindet.

Beispiel aus der Praxis

Die kleine Alina beginnt jedes Mal zu weinen und wird kreidebleich, wenn sich ein anderes Kind wehtut, zum Beispiel sich an einem Tisch stößt oder hinfällt. Als eine Erzieherin sich einmal geschnitten hatte und die Hand ein wenig blutete, wusste Alina nicht mehr weiter. Sie schrie und weinte herzzerreißend.

Wenn Kinder einen traumatisierten Schrecken und damit Schmerz empfunden haben, dann kann dies die Fähigkeit, sich in den Schmerz anderer hineinzuversetzen, äußerst intensivieren. Der Schmerz der anderen wird dann zum eigenen, triggert aber das traumatische Schmerzerleben so sehr, dass der eigene Schmerz unermesslich wird.

Bei den meisten traumatisierten Kindern verliert sich diese extreme Empfindung des Mitgefühls allmählich. Sie wird im Laufe der Zeit schwächer. Dies geschieht allerdings nur, wenn die Kinder Geborgenheit erfahren, also Schutz, Wärme und Vertrautheit.

Es gibt auch Kinder, denen nach einem traumatischen Erleben anscheinend die Fähigkeit zu Mitgefühl abhandengekommen ist. Wenn ein anderes Kind sich wehtut, lachen sie oder ignorieren es bestenfalls. Manchmal neigen sie sogar dazu, andere zu quälen, ihnen in irgendeiner Weise wehzutun. Diese Kinder sind oft selbst so gequält worden, dass die Qual für sie zur Selbstverständlichkeit geworden ist. Vor allem aber haben die Kinder selbst kein Mitgefühl erlebt. Sie sind in der Zeit während und nach den traumatischen Erfahrungen allein gelassen worden. Wer keinen Trost empfängt, kann andere kaum trösten. Wer kein Mitgefühl anderer für sich erfahren hat, wird auch kein Mitgefühl für sich empfinden und somit auch nicht für andere. Bei Erwachsenen kann diese Erfahrung zu anhaltender Verrohung führen. Bei Kindern sind dies Phasen, aus denen sie wieder herausfinden können. Dazu brauchen sie Hilfe. Sie brauchen all das, was in diesem Buch bislang an Unterstützung, an traumasensibler Hilfe für traumatisierte Kinder beschrieben worden ist. Wenn dies nicht reicht, ist eine zusätzlich therapeutische Hilfe notwendig.

Traumatisierte Kinder brauchen Mitgefühl. Zeigen Sie es ihnen immer wieder. Und sie brauchen neue Erfahrungen, damit ihre Dünnhäutigkeit nachlässt.

Sehnsucht

Wer durch eine traumatische Erfahrung »aus der Welt geworfen« oder »in einen Abgrund gestoßen« wurde, entwickelt oft eine Sehnsucht nach einer guten, heilen Welt. Diese Sehnsucht ist für Kinder überlebensnotwendig. Sie gibt ihnen Kraft und zeigt ihnen eine Überlebensperspektive.

Diese Sehnsucht äußert sich bei traumatisierten Kindern in sehr unterschiedlicher Weise:

- Boris ist ein Träumer. Er schaut in die Luft. Er schaut ins Leere mit großen Augen. Boris träumt und sieht vor seinem inneren Auge Filme, vermutlich Filme der Sehnsucht.
- Erin malt Häuser. Nur Häuser. Oft malt er kaputte Häuser, zerstörte Häuser, Ruinen. Dann wieder und immer mehr Luxusvillen, Häuser, die wunderschön sind. Häuser mit Gärten, mit Blumen, mit Bäumen, mit lachenden Menschen ... Erin hat seine Heimat verloren. Die Ruinen, die er malt, sind seine Geschichte. Die Häuser, die er malt, sind Ausdruck seiner Sehnsucht.
- Stefanie hat eine Lieblingsfachkraft, Frau Weber. Sie folgt ihr auf Schritt und Tritt. Stefanie schaut Frau Weber mit großen, sehnsuchtsvollen Augen an. Sie sagt nichts, aber sie schaut und schaut …

Die Formen, wie sich die Sehnsucht der Kinder, insbesondere der traumatisierten Kinder, ausdrückt, sind unterschiedlich.

Wie wichtig und auch alltäglich die Sehnsucht nach vertrauten Personen, nach Zusammenhalt und Geborgenheit und nach einem sicheren Zuhause ist, können Sie in Ihrer Kita-Gruppe auch mit einer Bilderbuchgeschichte thematisieren.

Bilderbuchtipps zum Thema Sehnsucht

- *Oh, wie schön ist Panama!* von Janosch, Beltz & Gelberg
- *Morgen geht's los, sagt der Mumpf* von Annette Herzog, Moritz
- *Abbys Traum: Ein magisches Bilderbuch über die Sehnsucht nach Freiheit und die Macht der Gedanken* von Laurel Snyder, mixtvision

Wichtig ist, dass wir Erwachsene diese Sehnsucht wahrnehmen und dass wir sie ernst nehmen. Wir dürfen sie nicht belächeln und nicht erniedrigen. Sehnsucht ist eine große Kraft, die den Kindern auf ihrem Weg, sich wiederaufzurichten, hilft.

Akzeptieren Sie die Sehnsüchte traumatisierter Kinder und geben Sie ihnen Raum.

Erregung reduzieren

Bei allen Kindern ist wie bei uns Erwachsenen zu beobachten, dass der Verlauf von Aufgeregtheit und Entspannung in unterschiedlichen Phasen und Intensitäten aufeinanderfolgt. Sie werden Kinder kennen, die sehr aufgeregt sind, sich danach beruhigen, allein oder mithilfe anderer; und andere, die auf einem relativ hohen Erregungsniveau bleiben oder aber eher zu den stillen und ruhigen Kindern zählen. Die Erregungsverläufe sind typisch für alle Menschen, sie gehören zu den Grundqualitäten des Erlebens.

Bei Kindern mit traumatischen Erfahrungen sind häufig zwei Besonderheiten festzustellen. Zum einen kann das Erregungsniveau extrem schwanken. Phasen sehr hoher Erregung wechseln ab mit Phasen des Rückzugs und der scheinbaren Regungslosigkeit. Andere Kinder bleiben auf einem stetig hohen Erregungsniveau und drohen bei jedem kleinen Anlass zu explodieren. Dabei ist es unwichtig, ob die Erregung positive Freude ausdrückt oder Ärger und Zorn, entscheidend sind hier nicht die Qualität und der Inhalt der Erregung, sondern das Erregungsniveau.

Dass sich das Erregungsniveau bei traumatisierten Kindern so verändert, ist gut nachvollziehbar. Viele Attacken des Schreckens erfolgten überraschend, sodass überraschende und abrupte Erregungswechsel einen Ausdruck dieser Erfahrungen fortführen können – und jede traumatische Erfahrung ist eine existenzielle Bedrohung, wie ich beschrieben habe, und existenzielle Bedrohungen sind aufregend. Deswegen kann dieses hohe Erregungsniveau sich bei traumatisierten Kindern in der Folge festsetzen.

Eine Hilfe sollte folglich darin bestehen, diese Kinder gemeinsam mit anderen Kindern darin zu unterstützen, ihr Erregungsniveau zu reduzieren. Das ist gar nicht so einfach, weil die Triebkraft der hohen Erregung, die traumatische Angst und der traumatische Schrecken, immer wieder neue Impulse der Hocherregung produzieren können. Dazu gebe ich hier einige Hinweise und Empfehlungen.

Wichtig ist vor allem, dass Sie nicht davon ausgehen können, dass Erregung reduziert werden kann, indem Entspannung angeboten wird. Einzelne Kinder reagieren darauf, doch die meisten brauchen zunächst eine Möglichkeit, ihre Erregung austoben und ausagieren zu können, bevor sie heruntergefahren werden kann.

Ganz wesentlich ist, dass die Kinder wegen ihrer Erregung nicht ausgeschimpft werden und Ablehnung erfahren. Sie brauchen Grenzen, aber keine Strafen und Beschimpfungen. Die Erregung ist ein Ausdruck der Not, mit der das Kind in der traumatischen Situation ins Leere gegangen ist. Wenn die Erregung nun in der Kita auftaucht, braucht sie ein Gegenüber. Das kann angeboten werden durch Rollenspiele als Gruppe, durch gemeinsames Toben mit Regeln und durch sportliche Aktivitäten. Auch zu werken, zum Beispiel mit einem Hammer Nägel einzuschlagen, kann eine gute Möglichkeit sein, Erregungsschübe auszuagieren und umzusetzen in konstruktives Tun. Diese Kinder haben nicht die Möglichkeit, ihre Erregung einfach abzuschalten, deswegen ist es wichtig, sie umzulenken und dabei zu richten.

Die Kinder dürfen mit ihrer Erregung nicht allein sein, denn sie brauchen Kontakt und Begegnung, vor allen Dingen Verlässlichkeit, statt verlassen zu werden.

Viele Kinder im Vorschulalter kämpfen gerne. Nicht nur Jungen, oft auch Mädchen. Diese Kämpfe verlieren bei traumatisierten Kindern oft ihren spielerischen Charakter und werden sehr ernst. Ein Beispiel:

Beispiel aus der Praxis

Ibrahim ist sechs Jahre alt. Er ist seit zwei Monaten in der Kita. Er ist aufgeweckt, neugierig, beobachtet viel, sucht Kontakt. Er kann auch schon relativ gut Deutsch sprechen. Er eckt immer an, er will immer der Erste sein, würde nie den Ball oder einen anderen Gegenstand abgeben. Er möchte schon so groß sein und so wirksam und so mächtig, dass andere Kinder damit nicht fertigwerden und sich darüber beklagen. Wenn ihm etwas nicht passt, dann schubst er andere Kinder, was wehtut und zu Auseinandersetzungen führt.

Ibrahim kommt aus Tunesien. Er lebte dort zwei Jahre bei Verwandten, sein Vater sitzt im Gefängnis, die Mutter war in dieser Zeit schon in Deutschland und hatte ihn zurückgelassen. Dort wurde er ständig geschlagen, er hatte Brüche und blaue Flecken, als er schließlich in Deutschland einreiste und zu seiner Mutter kam. Sein Onkel, der Bruder der Mutter, erbarmte sich seiner und nahm ihn mit, um ihn nach Deutschland zur Mutter zu bringen. Sie fuhren mit einem Schlauchboot nach Italien, das Boot sank, der Onkel ertrank, Ibrahim überlebte.

Dass dieser Junge verstört ist, dass er wirksam sein will, dass er Macht ausüben möchte, um nicht weiter Opfer zu sein, ist nachvollziehbar. Sich umzustellen und zu erfahren und zu realisieren, dass er hier nicht mehr kämpfen muss, dass er hier nicht allein und hilflos ist, braucht Zeit. Er muss immer wieder die Regeln erfahren, wie er mit seiner Hocherregung umgeht, wie er Wirksamkeits-Erfahrungen machen kann mit anderen Kindern, mit den frühpädagogischen Fachkräften, mit Material und Gegenständen. Er braucht Möglichkeiten, mit seiner Erregung spielerisch und konstruktiv umzugehen. Er baut gerne mit Holz, weswegen er eine Werkecke bekam, wo er mit zwei anderen Kindern, die ebenfalls gerne mit Holz arbeiten, hämmern, bohren und sägen, tätig werden konnte. Dies geschah selbstverständlich unter Aufsicht, doch die Kinder lernten hier viel, selbstständig zu arbeiten, jedes für sich und gemeinsam. Wenn sie sägten, hämmerten oder bohrten, ließ ihre Hocherregung nach und sie konnten anders als durch Aggressivität geprägt miteinander umgehen.

Kulturelle Unterschiede?

Es wird manchmal vermutet oder unterstellt, dass Kinder, die an traumatischen Erfahrungen leiden und aus einer anderen als der einheimischen Kultur kommen, anders damit umgehen oder gar die Schreckenserfahrungen anders spüren. Dazu sind einige Anmerkungen notwendig.

Erstens ist es mir wichtig, zu betonen, dass menschliches Leid alle Menschen gleich betrifft. Ob ein Kind in Dresden oder in Aleppo geschlagen wird, ob es in Beirut oder München vergewaltigt wird, ob es seine Geschwister durch Bombenangriffe in der Ukraine oder in Afghanistan verliert – es ist das gleiche Blut, das fließt; es ist der gleiche Schmerz, der gespürt wird; es ist die gleiche Not, die die Kinder und auch die Erwachsenen überkommt.

Wenn wir traumatische Erfahrungen unter kulturellen Gesichtspunkten betrachten, dann bildet der humanistische Aspekt den Boden. Alle Betroffenen sind Menschen und im konkreten Leid gibt es keine kulturellen Unterschiede, keine religiösen, keine landsmannschaftlichen. Die einzigen Unterschiede liegen in den Besonderheiten der Empfindsamkeit oder der Widerstandskraft der einzelnen Individuen.

Dies zu betonen, ist mir wichtig, weil ich häufig der Haltung begegne, dass man sich den traumatischen Erfahrungen der Kinder nicht widmen darf, weil man zu wenig über die kulturellen Unterschiede und Besonderheiten weiß. Wer Mitgefühl hat, weiß genug, um dieses Mitgefühl zu zeigen und Kinder zu schützen und zu trösten. Das ist meine grundlegende Aussage und meine immer wiederkehrende Aufforderung.

Kulturelle Unterschiede gibt es, auch wenn sie oft überschätzt werden. Wir müssen diese Unterschiede achten. Das ist selbstverständlich. Doch dazu gehört auch, dass wir diese Unterschiede genauer betrachten.

Ein Unterschied liegt in der Sprache. Es gibt in vielen Herkunftsländern geflüchteter Menschen keine Sprache der Therapie, der Psychologie oder Psychotherapie. Es gibt kein System der Trauma-Hilfe oder der psychischen Versorgung, so wie es in den 1950er-Jahren in Deutschland auch kein solches System gegeben hat. Wer krank ist, gilt meist als »verrückt«. Wer nicht mehr funktioniert, darf zum Beispiel in der Dorfgemeinschaft »mitlaufen«, aber ohne dass besondere Gesundheits- und Versorgungssysteme existieren.

Auch das Wort »Therapie« ist in vielen Ländern unbekannt, zumindest in den ländlichen Gegenden. Als ich einem Vater erzählte, dass sein Kind wahrscheinlich einer Trauma-Therapie bedarf, rief er empört: »Nein. Ich gebe mein Kind nicht weg. Ich möchte mein Kind in der Familie behalten!« Durch Nachfragen wurde deutlich, dass er, aus Syrien kommend, ein Verständnis von Therapie hatte, dass Soldaten oder von der Armee oder der Polizei oder dem Geheimdienst beauftragte Ärzte Kinder unter dem Mantel der »Therapie« den Familien entreißen. In vielen Ländern wie der DDR oder der Sowjetunion, aber auch in vielen Diktaturen in Südeuropa oder in arabischen Ländern wurden bzw. werden Oppositionelle als psychisch krank diffamiert und in psychiatrischen Einrichtungen »weggesperrt«. Mit dieser Erfahrung kommen viele Menschen nach Deutschland. Wenn wir dann unbedarft von Therapie oder therapeutischer Hilfe reden, dann kann das einen Schrecken und Abwehr hervorrufen.

Ein weiterer kultureller Unterschied besteht darin, wie öffentlich mit Gewalterfahrungen umgegangen wird. Ein Mädchen, das sexuelle Gewalt erfahren hat – verdient es Hilfe? Oder ist es von der »Schande« gezeichnet und wird nie heiraten können? Wird es in der Öffentlichkeit ausgegrenzt und isoliert – oder erfährt es Solidarität?

Wir wissen aus der deutschen Geschichte, dass allein von den ca. zwei Millionen Frauen in Deutschland, die nach Kriegsende vergewaltigt wurden, Zehntausende sich selbst getötet haben, weil sie mit dieser Erfahrung nicht weiterleben konnten und wollten. Viele andere wurden von ihren Männern, die aus dem Krieg heimkehrten, verstoßen und in den sozialen Gemeinschaften, vor allem in den ländlichen Gebieten, isoliert und verachtet. So fremd sind also solche Verhaltensweisen auch in Deutschland nicht. Hier haben sich viele Haltungen geändert, in anderen Ländern noch nicht. Es existieren in dieser Hinsicht Unterschiede zwischen den Kulturen. Hier gibt es einen großen Bedarf, sich miteinander offen und ehrlich, aber auch kritisch auseinanderzusetzen.

Diese Unterschiede betreffen nicht das Leid der Menschen, sondern, um es noch einmal zu betonen, den öffentlichen Umgang mit den Leiderfahrungen!

Wenn Sie darüber nichts oder wenig wissen, fragen Sie die betroffenen Menschen. Nach meinen Erfahrungen freuen sich die meisten und sind gern bereit, über sich und ihren kulturellen Kontext zu erzählen.

Ein weiterer Aspekt kultureller Begegnung besteht in dem, was wir als »trans-kulturelle Erfahrungen« bezeichnen. Es existieren heute kaum noch voneinander isolierte und abgegrenzte Kulturen. Wenn eine eritreische Familie in einem Flüchtlingslager gespendete Kleider erhält, dann freut sie sich besonders, wenn sie ein Hemd mit Adidas-Streifen findet. Adidas ist auch in Eritrea bekannt und bedeutet einen hohen Status. Ein Kind aus Afghanistan möchte gern Fußballer werden. Es malt auf das Bild eine Zehn und sagt dazu »Ronaldo«. In fast allen Ländern gibt es gemeinsame kulturelle Inseln oder Dimensionen über den Sport, über Musik, über Stars, über Filme, über Nachrichtensender und dergleichen mehr. »Star Wars« gehört zur Kultur in Syrien genauso wie in Stuttgart.

Es gibt also nicht nur kulturelle Unterschiede, sondern auch über die kulturellen Unterschiede hinausgehende »transkulturelle Gemeinsamkeiten«. Von solchen Gemeinsamkeiten zu wissen und an sie vielleicht anzuknüpfen, ist wichtig und erleichtert die interkulturellen Begegnungen.

PRAXIS-IDEEN

Was man falsch machen kann

Ich werde Ihnen in diesem Teil des Buches zahlreiche Hinweise geben, wie Sie richtig mit Kindern umgehen können, bei denen der Verdacht auf eine traumatische Erfahrung besteht. Doch vorneweg ist es mir wichtig, Sie darauf hinzuweisen, was falsch gemacht werden könnte – nicht aus bösem Willen, sondern aus Unkenntnis und Unerfahrenheit. Vier Aspekte sind für mich besonders bedeutsam:

1. Das betreffende Kind darf auf keinen Fall bedrängt werden. Es sollte keinerlei Druck ausgeübt werden, dass es doch sein verändertes Verhalten erklären möge oder von bestimmten Vorfällen, die vermutet werden, erzählen müsse. Die traumatische Erfahrung ist für das Kind druckvoll genug. Jeder weitere Druck würde die Situation verschlimmern und in der Regel dazu führen, dass sich das Kind weiterer Unterstützung und Hilfe verschließt.
2. Die Kinder dürfen seelisch und auch ganz konkret nicht allein gelassen werden. Nach traumatischen Erfahrungen fühlen sich die betroffenen Kinder, wie schon beschrieben, häufig sehr allein. Deswegen braucht es Begegnung, Begleitung, Halt.
3. Es ist oft zu beobachten, dass ein verändertes und seltsames Verhalten traumatisierter Kinder bei anderen Kindern dazu führen kann, dass diese sie auslachen oder auf andere Weise beschämen. Dagegen sollte energisch interveniert werden. Das Kind braucht Schutz.
4. Und schließlich wurde bislang deutlich, dass ein Trauma ein tiefer Eingriff in die Erlebenswelt des Kindes ist. Traumatische Erfahrungen betreffen nicht nur und auch nicht einmal überwiegend das Denken und die Vernunft eines Menschen, sondern vor allem seine Gefühlswelt, sein Erleben, sein Befinden. Deswegen sind Argumentationen, die an die Vernunft appellieren, unsinnig. Sie gehen bestenfalls ins Leere und verstärken schlimmstenfalls die Ängste und Unsicherheiten der Kinder. Diese Kinder brauchen emotionale Zuwendung und Halt. Das ist das Wichtigste und Entscheidende.

Kein Druck, kein Alleinlassen, keine »vernünftigen« Appelle!

Was man richtig machen sollte

Andocken und begleiten

Kinder mit einer traumatischen Erfahrung fühlen sich wie aus der Welt geworfen. Sie spüren, dass sie anders sind. Manche ziehen sich daraufhin zurück und resignieren. Andere kämpfen darum, wieder zugehörig zu werden, oft mit untauglichen, weil aggressiven Mitteln. Wieder andere Kinder schwanken zwischen beiden Haltungen. Deswegen ist es ein notwendiger und oft auch schwieriger Weg, diese Kinder so zu begleiten, dass sie wieder in die Gemeinschaft der Gruppe finden.

Dafür ist es wichtig, dass Sie den Kindern immer wieder einen Spiegel vorhalten: Ich sehe, dass du Angst hast. Ich sehe, dass du unsicher bist. Ich sehe, dass du zögerst … Wenn Sie mit solchen Sätzen das Verhalten und Fühlen der Kinder spiegeln, wirkt das wie ein »Andocken«. Die erwachsene Person dockt an das Gefühlsleben des Kindes an und das gibt dem Kind Sicherheit und Halt. Selbstverständlich brauchen Kinder es auch einmal, dass Sie sie ermutigen, ein Wagnis einzugehen, oder es kann sinnvoll sein, dass Sie das Kind zu Aktivitäten auffordern, die es sich gerade nicht oder noch nicht zutraut. Doch die Aufforderungen und die Impulse der Veränderung sollten immer als zweiter Schritt erfolgen. Gerade bei traumatisierten Kindern ist es unbedingt notwendig, dass solchen Anregungen zunächst eine Phase des Andockens vorhergeht. Wie lange ein Kind diese Phase braucht, ist bei den Kindern unterschiedlich. Wichtig ist: Wir als Erwachsene dürfen nicht forcieren.

Wenn wir nicht an das Gefühlsleben der Kinder andocken, dann wirken unsere Bemühungen wie Druck. Druck haben die Kinder aber schon genug. Druck verstärkt oft nur die Rückzugstendenzen oder den Widerstand. Die Kinder wirken dann bockig, wollen es aber gar nicht sein. Sie sind nur überfordert. Ein Beispiel:

Beispiel aus der Praxis

Felicia beobachtete die anderen spielenden Kinder. Sie hielt Abstand und beteiligte sich nicht. Die Erzieherin versuchte, Felicia zu ermuntern, und sagte: »Komm. Das ist doch schön. Mach doch mit.« Doch Felicia zögerte, ja, erstarrte sogar ein wenig. Sie bewegte sich nicht auf die Kinder zu, sondern zog sich sogar noch ein wenig zurück. Die ErzieherinFachkraft merkte, dass die Aufforderung, so nett sie gemeint war, zu schnell war, und setzte sich zunächst neben Felicia. Sie sagte zu ihr: »Ich glaube, du hast Lust, mitzumachen, und du bist da ein bisschen scheu. Vielleicht hast du auch Angst. Das ist auch nicht schlimm, wenn man vor etwas, was einem gerade fremd ist, Angst hat. Das ist normal. Das habe ich auch manchmal. Du musst ja auch nicht mitspielen. Du kannst auch hier bleiben und einfach zuschauen.« Sie saßen eine Weile nebeneinander. Später fuhr sie fort: »Wenn du willst, komme ich einfach mit zu den Kindern und passe etwas auf dich auf, damit dir nichts passiert. Wenn es dir zu viel wird und zu laut oder zu durcheinander, kannst du jederzeit wieder gehen.« Felicia guckte die Erzieherin mit großen Augen an, nickte dann, nahm die Erzieherin an die Hand und ging auf die Kinder zu …

Erst andocken, dann auffordern oder verändern!

Wirksamkeit

Wer traumatischen Erfahrungen ausgesetzt ist, erlebt eine Situation massiver Wirkungslosigkeit. Das Gefühl der Wirksamkeit oder seines Gegenteils, der Wirkungslosigkeit, ist ein Gefühl, mit dem wir Menschen uns im Alltag wenig beschäftigen. Dass wir wirksam sind, ist uns selbstverständlich. Erst wenn wir spüren, dass wir mit unseren Bemühungen ins Leere gehen, dass wir nichts bewirken können, dann fällt uns auf, wie wichtig das so unscheinbar und selbstverständlich daherkommende Gefühl ist. Wenn Sie bei einem Kind, Ihrer Partnerin, Ihrem Partner oder einer Kollegin, einem Kollegen meinen, nichts mehr bewirken zu können, wenn Sie das Gefühl haben, es ist egal, was Sie sagen, was Sie unternehmen, Sie gehen doch ins Leere, dann macht das etwas mit Ihnen. Manchmal ruft es Hilflosigkeit hervor. Bei manchen auch Aggressivität.

Nun ist eine traumatische Erfahrung eine noch radikalere Erfahrung von Wirkungslosigkeit. Das Kind hat selbst oder als Zeuge ein Gefühl der Ohnmacht erlebt. Sein Nein wurde nicht gehört, sein Stopp übergangen. Es fühlte sich ausgeliefert und ohnmächtig, also ohne Macht. Manche Kinder reagieren darauf, indem sie sich im Zustand der Hilflosigkeit einrichten und sich nichts mehr zutrauen und sich zurückziehen. Andere versuchen, ihre Machtlosigkeit in Macht zu verwandeln, indem sie kämpfen, indem sie andere herumschubsen, indem sie meinen, sich ständig beweisen zu müssen. Sie wollen lieber Täter werden als Opfer bleiben. Dies nenne ich destruktive Wirksamkeitsbemühungen.

Es gilt, Kindern und insbesondere den traumatisierten Kindern, konstruktive Wirksamkeitserfahrungen zu ermöglichen. Das Gefühl der Selbstwirksamkeit kann nur aus solchen Erfahrungen erwachsen. Wirksamkeitserfahrungen sind alle kreativen Aktivitäten, in denen Kinder etwas machen, etwas bewirken.

Das weiße Blatt Papier wird zerknüllt oder bemalt. Die Knete wird gestaltet. Die Schraube wird hineingedreht. Der Teig wird geknetet und gebacken usw. Solche konstruktiven Wirksamkeitserfahrungen zu ermöglichen, ist ein unabdingbarer Bestandteil jeder Unterstützung für traumatisierte Kinder.

Beispiel aus der Praxis

Als Alisha in den Kindergarten kam, traute sie sich zunächst nicht, mit anderen Kindern zu spielen. Doch sie entdeckte die Duplo-Steine und baute jeden Tag. Da war sie wirksam. Immer wenn sie im Kindergarten etwas verunsicherte, »floh« sie zu ihren Steinen und sie beruhigte sich, indem sie baute und baute.

Im Kapitel »Wirksamkeitstraining« stellen wir einige Möglichkeiten vor, in der Kita spielerisch Wirksamkeitserfahrungen zu fördern. Wichtig ist es, zu realisieren, dass fast alle traumatischen Erfahrungen, denen Kinder ausgesetzt waren, von Menschen verursacht wurden. Deswegen beziehen sich die Ohnmacht und die Hilflosigkeit sehr auf zwischenmenschliche Begegnungen. Es ist daher wichtig, dem Kind auch im Kita-Alltag Wirksamkeitserfahrungen in den Beziehungen zu den erwachsenen Begleitpersonen zu eröffnen. Kinder erfahren sich als wirksam gegenüber Erwachsenen, wenn diese sie ernst nehmen, wenn diese ihnen zeigen, dass sie ihre Gefühle wahrnehmen und respektieren. Das muss nicht bedeuten, dass Sie allem zustimmen müssen, was ein traumatisiertes Kind von sich gibt oder verlangt. Es braucht auch ein klares, ein warmherziges Gegenüber, wenn das notwendig ist. Doch das Kind darf nicht ins Leere gehen, weil das die traumatischen Ohnmachtsgefühle wieder reaktivieren kann. Das Kind braucht es, gehört und ernst genommen zu werden. Wie dies unterstützt werden kann, werde ich in dem Kapitel über die spürenden Begegnungen erläutern.

Ermöglichen Sie traumatisierten Kindern Erfahrungen, in denen sie etwas bewirken können.

Ich-Stärkung

Eine der gewichtigsten Folgen traumatischer Erfahrungen besteht in der Ich-Schwächung. Wer erniedrigt wurde, wer Gewalt erfahren hat und wer zum Opfer gemacht wurde, wurde unmenschlich behandelt. Das hat Folgen für das Selbstwertgefühl, für die Selbstsicherheit, für den Selbstrespekt – bei Erwachsenen wie bei Kindern, auch sehr kleinen.

Bei manchen Kindern zeigt sich dies in anhaltender Verunsicherung, auch in der Anfälligkeit für Ängste. Andere versuchen, diese Ich-Schwächung zu überspielen, indem sie besonders auftrumpfen und den »starken Max« markieren.

Beispiel aus der Praxis

Elfi war nach dem Unfall sehr verunsichert. Wenn sie sah, dass andere Kinder spielten, blickte sie zunächst unsicher um sich, ihre Augen flackerten. Dann stürmte sie auf die spielenden Kinder zu, nahm ihnen die Spielsachen weg und tat alles, um das Spiel an sich zu reißen. Sie wollte unbedingt »Chefin« sein. Das führte bei den anderen Kindern zu Gegenwehr und Ablehnung. Elfi versuchte dann noch verbissener, zu dominieren.
Eine Erzieherin nahm Elfi, so oft die Zeit es zuließ, beiseite und spielte mit ihr Spiele, bei denen Elfi ihr Selbstwertgefühl stärken konnte. Das half. Langsam, aber stetig wurde der Druck in Elfi schwächer und sie hatte ihre Attacken nicht mehr so nötig.

Nun ist es für alle Kinder wichtig, dass sie in ihrem Selbstwertgefühl gestärkt werden. Frühpädagogische Fachkräfte können damit in der Regel gut umgehen. Bei traumatisierten Kindern hat dies besondere Bedeutung. Manchmal brauchen sie über Gruppenerfahrungen hinaus Einzel-Angebote, die ihr Selbstwertgefühl wieder stärken, eine besondere Förderung.

Eine solche Stärkung des Selbstwertes braucht Zeit. Sie kann nicht in einem Tag und auch nicht in einer Woche erfolgen, denn die Ich-Schwäche ist eine langfristige Folge traumatischer Erfahrungen. Also bedarf es auch einer langfristigen Ich-Stärkung. Wenn Sie dies wissen und versuchen, dem nachzugehen, dann spüren das die Kinder. Schon allein das Wissen um das Bemühen Erwachsener stärkt die Kinder.

In dem späteren Kapitel über die traumasensible Ich-Stärkung stelle ich mehrere Beispiele vor, wie dies in der Kita kindgerecht und traumasensibel erfolgen kann. Sie werden weitere Ideen haben, die sich aus Ihren reichhaltigen Praxiserfahrungen ergeben.

Unternehmen Sie alles, was das Selbstwertgefühl der Kinder stärken kann!

Geduldiger Halt und Sicherheit

Eine traumatische Erfahrung verunsichert. Also brauchen die Kinder Sicherheit.

Selbstverständlich haben die Kinder nach einer traumatisierenden Erfahrung das Recht, unsicher und ängstlich zu sein. Dies dürfen wir ihnen nicht ausreden oder verniedlichen mit Sätzen wie: »Ist doch nicht so schlimm. Brauchst doch keine Angst zu haben.« Wir sollten stattdessen eine Haltung annehmen: »Ja. Du darfst unsicher sein. Ja. Du darfst Angst haben.« UND: »Wir bieten dir Sicherheit. Wir bieten dir Halt.« Einen solchen Halt können zum Beispiel Spiele bieten oder andere Alltagstätigkeiten, die sich wiederholen. Wiederholungen und Rituale schaffen Sicherheit und sind gerade für extrem verunsicherte Kinder von besonderer Bedeutung.

Beispiel aus der Praxis

Sven hatte im Alter von drei Jahren den Tod seiner Mutter miterlebt. Auch ein halbes Jahr später begann er in der Kita oft, unvermittelt zu zittern. Eine Betreuungskraft, zu der er ein gutes Verhältnis hatte, ging dann zu ihm und umarmte ihn eine Weile. Danach schlugen sie sich im »Take five« auf die Hände, was er liebte. Nach einiger Zeit wurde daraus ein Ritual. Sven kam nun von selbst zu der Betreuerin, um sich umarmen zu lassen und sich gegenseitig abzuklatschen. Dieses Ritual gab ihm offenbar Sicherheit.

Auch Orte, die sicher sind, sind für die Kinder wichtig. Wenn die Kita zu einem sicheren Ort gehört, ist das gut. Wenn ein Kind sich für eine Weile nicht nach draußen traut, weil es dort zu unsicher ist, sollten Sie das akzeptieren. Es kann nach einer Woche in Begleitung oder mit kleinen Schritten versucht werden, sich diesen Raum neu zu erschließen. Aber nur dann, wenn das Kind dazu bereit ist.

Doch entscheidend ist, dass die Kita als sicherer Ort erlebt wird, auch einzelne Orte innerhalb der Kita-Räumlichkeiten. Dies kann eine Spielecke sein, ein Stuhl, ein Couchplatz … Für viele Kinder ist auch der Boden als sicherer Ort von Bedeutung. Sie haben durch die traumatische Erfahrung ihren Boden verloren, also legen sie sich oft auf den Boden oder halten sich dort auf. Den Boden zu spüren, scheint Sicherheit zu geben. Das Wort »Boden« bezeichnet ja den inneren Boden der Menschen, den sie spüren, genauso wie den äußeren Boden, auf dem wir stehen, liegen oder sitzen.

Die wichtigste Sicherheit und der wichtigste Halt werden von Menschen gegeben. Gerade für traumatisierte Kinder ist es wichtig, möglichst viel Kontinuität im personellen Kontakt zu haben. Wechselnde Personen können Unsicherheit verstärken. Sicherheit und Halt werden nicht, das habe ich schon erwähnt, in Stunden oder Tagen bewirkt. Auch hier ist es notwendig, Geduld zu haben und Kontinuität anzustreben.

Halt kann auch darin bestehen, dass die Kinder buchstäblich gehalten werden. Manche Kinder suchen danach, indem sie es gerne haben, umarmt zu werden, festgehalten zu werden. Anderen reicht es, wenn die Hand gehalten wird oder ab und zu der Rücken gestützt werden kann. Andere sträuben sich gegen Berührungen. Sie sehnen sich einerseits nach Halt, sind aber durch die traumatischen Erfahrungen nicht in der Lage, Berührungen zuzulassen. Hier sind Berührungsmöglichkeiten, die ich auch im Kapitel der spürenden Begegnungen beschreiben werde, über Töne oder Blicke möglich und sinnvoll.

Geben Sie Halt und Sicherheit und seien Sie dabei geduldig!

Bilder des Schreckens, Bilder des Trostes

Die meisten Kinder malen gerne. Wenn traumatisierte Kinder frei malen können, entstehen oft Bilder des Schreckens. Geflüchtete Kinder mit traumatisierenden Erfahrungen malen häufig Bilder des Krieges, der Bomben, der Schüsse, der Leichen, brennender Häuser, untergehender Boote und Ähnliches mehr. Es wäre völlig falsch, sie darin zu unterbrechen, oder gar, ihnen so etwas zu verbieten. Manchmal gibt es solche Impulse, die gut gemeint sind und aus denen heraus dann Sätze entspringen wie: »Ach, mal das nicht. Das ist doch vorbei. Du bist doch jetzt hier. Mal lieber etwas Schönes!«

Warum helfen solche Meinungen nicht? Weil die Kinder innerlich voller solcher Bilder des Schreckens sind. Diese verschwinden nicht nur, weil Eichen oder Sonnenblumen gemalt werden. Kinder wachen von solchen inneren Bildern auf, wenn sie nachts in ihren Träumen erscheinen. Sie schrecken zusammen oder »schalten ab«, wenn tagsüber solche Bilder vor ihrem inneren Geist vorbeiflirren. Bilder des Schreckens zu malen, kann viele Kinder darin unterstützen, diese inneren Bilder nach außen zu bringen und sie damit loszuwerden oder zumindest ihre Kraft abzuschwächen. Wir haben dies oft beobachtet.

Dazu muss noch eine weitere Voraussetzung kommen: nämlich Menschen, die sich dafür interessieren und die mitfühlen. Wenn Sie merken, dass ein Kind so etwas malt, dann fragen Sie danach, ganz gleich, ob es darüber in Worten sprechen kann oder die Fähigkeit zur deutschen Sprache noch nicht ausreichend ist. Fragen Sie. Das Kind wird Ihr Interesse merken. Teilen Sie mit, was Sie empfinden: »Das ist bestimmt schlimm … Da hast du ja viel Böses erlebt.« Ermutigen Sie das Kind ruhig dazu, weiter solche Bilder zu malen. Meistens braucht es gar nicht mal eine Ermutigung, denn es reicht, wenn Menschen sich dafür interessieren. Die Kinder malen dann oft weiter. Irgendwann verschwinden die Bilder in ihnen. Irgendwann – mal nach kurzer Zeit, mal dauert es länger – werden die Bilder durch andere Bilder ersetzt.

Eine Möglichkeit, mit den inneren Bildern umzugehen, besteht auch darin, die Kinder zu ermutigen, Bilder des Trostes und Bilder der Sehnsucht zu malen. Das sind die drei großen Themen, die die Seelen der traumatisierten Kinder beschäftigen: Schrecken oder Angst, Trost und Sehnsucht. Fragen Sie sie, wie sie getröstet werden wollen oder wie sie getröstet wurden. Fragen Sie sie, wonach sie sich sehnen, welche Wünsche sie haben und was sie sich erträumen. Bitten Sie, das zu malen. Malen Sie vielleicht auch selber mit. Malen Sie Ihren eigenen Trost und Ihre Sehnsüchte und fordern Sie auch andere Kinder auf, Bilder der Angst, Bilder des Trostes, Bilder der Sehnsucht zu malen. Dann fühlen sich die traumatisierten Kinder nicht so sehr allein mit dem Thema.

Beispiel aus der Praxis

Nurhan ist ein Flüchtlingskind. Sie malt Bilder mit Soldaten, mit Leichen und mit Feuer, viel Feuer. Wenn sie malt, ist sie aufgeregt, manchmal weint sie. Die anderen Kinder spüren das und lassen sie dann in Ruhe. Die Gruppenleiterin setzt sich oft neben Nurhan und streicht ihr über den Rücken. Das lässt sie zu, aber nur von dieser Frau. Nach einigen Wochen beginnt Nurhan, Häuser zu malen. Manchmal sind noch Soldaten dabei, aber auch die verschwinden immer mehr. Nun entstehen Häuser in allen Variationen. Vielleicht zeigt Nurhan darin ihre Sehnsucht nach häuslicher Geborgenheit.

Entscheidend ist, dass Sie als frühpädagogische Fachkraft Interesse zeigen und dem Kind Rückmeldung geben – wahrhaftige und ehrliche. Dann verlieren diese Bilder des Schreckens ihre Kraft und werden durch andere Bilder ersetzt oder ergänzt.

Begleiten Sie Kinder darin, das, was in ihnen ist, zu gestalten und so zu teilen!

Wie geht Trösten?

Jeder Mensch, der Kinder begleitet, war selbst einmal Kind und wurde getröstet. An diese Erfahrungen können Sie anknüpfen. Fragen Sie sich:

- ? Wie sind Sie als Kind getröstet worden?
- ? Wie werden Sie als Erwachsene/r getröstet?
- ? Welche Art von Trost vermissen Sie?
- ? Wie wären Sie gerne getröstet worden oder würden heute gern getröstet?

Wer sich damit beschäftigt, wird eine Reihe von Hinweisen erhalten, wie Kinder mit schweren Belastungen und Traumatisierungen getröstet werden können.

Beispiel aus der Praxis

Amir weint. Ein anderes Kind hat ihm einen Stift weggenommen und er beginnt, zu schluchzen, über jedes Maß, über den Anlass hinaus. Amir hat eine dreimonatige Flüchtlingsodyssee mit seiner Familie hinter sich. Er war ein sehr sensibles Kind, das durch die Verletzungen und Schreckenserfahrungen noch verletzlicher wurde.
Die Erzieherin geht zu ihm, um ihn zu trösten. Sie sagt: »Ach, Amir. Du bist traurig, dass Stefan dir den Stift weggenommen hat. Nicht wahr?«
Amir nickt.
»Das ist schade und schlimm. Darf ich dich in den Arm nehmen?«
Amir nickt wieder und die Erzieherin nimmt Amir tröstend von der Seite in den Arm. So verbleiben sie einige Zeit, bis Amir sich beruhigt.
Als Amir und die Erzieherin sich voneinander lösen, sagt diese: »So. Jetzt werde ich mich darum kümmern, dass du deinen Stift wiederbekommst.«

Die frühpädagogische Fachkraft in diesem Beispiel macht alles richtig. Als Erstes benennt sie, was geschehen ist. Es ist sehr wichtig, nicht gleich Lösungen zu finden oder zu versuchen, Amir das, was ihm weggenommen wurde, zurückzugeben. Entscheidend für ein gelingendes Trösten ist, dass die Not, der Kummer des Kindes wahr- und ernst genommen wird. Dazu ist es wichtig, dies auszudrücken.

Dann braucht das Kind Zeichen, dass es nicht allein ist. Hier sind Blickkontakt, Berührungen, Umarmungen und andere Gesten wesentlich – natürlich nur, wenn die Kinder es zulassen und zum Beispiel nicht vor Berührungen zurückschrecken. In solch einem Fall braucht es andere Berührungen, nicht durch die Hände, sondern durch die Stimme oder durch die Blicke.

Wenn der Trost angekommen ist, wenn das Kind sich beruhigt hat oder auf dem Weg dorthin ist, erst dann können Lösungen gesucht werden, Auswege aus der Situation. Vorher gilt es, innezuhalten, ja, einen Moment die Zeit anzuhalten, damit Trost wirken kann.

Worte für die Gefühle des Kindes, das Kummer hat, sind hilfreich. Viele Kinder haben für ihre Gefühle keine Worte – geflüchtete Kinder aufgrund der sprachlichen Probleme häufig noch weniger. Deswegen müssen wir Erwachsene, müssen Sie als Fachkraft in der konkreten Situation des Tröstens Worte für den Kummer finden und auch Worte für Ihre eigene Haltung und Ihre eigenen Bemühungen, zu trösten. Das hilft und das wirkt nach.

Schwäche zeigen ist stark

Beispiel aus der Praxis

Als Emma weint, lachen andere Kinder sie aus: »Heulsuse, Heulsuse!« Emma weint oft. Sie hat ihre Mutter verloren und ist seitdem sehr verunsichert und den Tränen sehr nahe.
Die Erzieherin möchte Emma schützen und bemüht sich, die anderen Kinder zu stoppen. Das gelingt nur kurzfristig. Also bietet sie eine Gruppenarbeit zum Thema »Wenn mir etwas wehtut« an. Die Kinder erzählen von aufgeplatzter Haut am Knie, von Bauchschmerzen, vom gebrochenen Arm ... »Kennt ihr auch Schmerzen, die man nicht sieht? Dass es innendrin wehtut, im Kopf oder im Herzen, in den Gedanken?« Urs sagt, dass er oft traurig ist, dass sein Papa nicht mehr bei ihnen wohnt. Auch andere erzählen.
Die Erzieherin erzählt vom Schmerzfresserchen, einem Wesen, das den Schmerz aufessen kann – aber nur, wenn ein Kind den Schmerz zeigt, zum Beispiel, indem es weint. Mit Tränen kann der Schmerz herausfließen. Wenn Kinder weinen, weiß das Schmerzfresserchen, dass es helfen muss.
Die Kinder malen ihr Schmerzfresserchen.

Dieses Beispiel zeigt, wie verpönt es immer noch ist, Schmerzen und damit Schwäche zu zeigen. Die frühpädagogische Fachkraft geht damit beispielhaft um, sie macht es zum Thema der ganzen Gruppe.

Es gibt zahlreiche tolle Angebote, in denen Kinder ermutigt werden, stark zu werden – »Starke Eltern, Starke Kinder ...« und andere mehr. Diese Angebote sind hilfreich. Doch es fehlt etwas. Kinder brauchen auch die Erlaubnis, ihre Schwäche zu zeigen – oder das, was dafür gehalten wird: ihre Angst, ihre Traurigkeit, ihre Unsicherheit ...

Alle Kinder, und traumatisierte Kinder besonders, brauchen eine Ermutigung, ihre Schwächen zu zeigen. Nur dann können sie geteilt werden und geteiltes Leid ist halbes Leid. Nur dann können sie getröstet werden oder andere Unterstützung erfahren. Machen Sie die Erlaubnis, schwach zu sein, zum Thema. Unterstützen Sie Kinder, die ihre Not zeigen. Seien Sie Vorbild, indem Sie auch einmal teilen, dass Ihnen etwas wehtut oder Sie nicht so gut drauf sind.

Ermutigen Sie Kinder, ihre Schwächen zu zeigen.

Was tun unmittelbar danach?

Beispiel aus der Praxis

Stefanie ging mit ihrer Mutter auf der Straße spazieren. Ein Mann kam mit dem Fahrrad vorbeigefahren und versuchte, der Mutter die Handtasche zu entreißen. Doch die Mutter wehrte sich und hielt an der Tasche fest, sodass der Fahrer strauchelte und beinahe hinfiel. Er stieg vom Fahrrad ab, stürmte schreiend auf die Mutter zu, schlug sie und entriss ihr die Handtasche. Stefanie stand dabei und musste zuschauen. Sie war danach co-traumatisiert, voller Schrecken und Angst. Sie war erst im Schreck gelähmt und wurde noch starrer, als die Polizei kam und andere sich um die Mutter und schließlich auch um sie kümmerten. Der Vater bemühte sich schließlich gut um die beiden. Doch Stefanie war verstört, die Mutter ebenfalls.
Für die Mutter war besonders schlimm, dass von den umstehenden Passanten niemand geholfen hat. Sie war allein gelassen worden und das verstärkte ihre Ohnmacht und Hilflosigkeit. Diese Ohnmacht und Hilflosigkeit hat Stefanie sicherlich gespürt und geteilt. Sie musste nicht in die Kita, sondern durfte zu Hause spielen. Stefanie war wichtig, dass immer jemand da war, dass sie nicht allein blieb, sondern in vertrauter Umgebung leben konnte. Nachts wachte sie ängstlich auf. Manchmal begann sie einfach so, zu weinen. Als der Vater sie mitnehmen wollte, um einzukaufen, wagte sie sich nicht auf die Straße. Dem Vater gelang es nur, Stefanie in das vor der Haustür parkende Auto zu begleiten. Auch der Weg vom Parkplatz in das Geschäft gelang Stefanie nur mit Zittern und Bangen, aber es gelang. Doch darüber hinaus über die Straße zu gehen, war ihr unmöglich. Der Vater zwang sie auch nicht dazu, sondern fragte das Kind immer wieder, ob es etwas brauchte und wozu es in der Lage war und wozu nicht.

Aus diesem Beispiel kann man lernen, was in der nahen Zeit unmittelbar nach einer traumatischen Erfahrung für das Kind wichtig ist. In dem ersten Schritt bemühten sich die Eltern vorbildlich. Es ist notwendig, diese Kinder nicht allein zu lassen. Erwachsene müssen mit ihnen reden, sie trösten. Und sie müssen ihnen Begleitschutz geben, wie eine Leibgarde wirken und viel im Alltag mit ihnen teilen. Ohnmacht und Hilflosigkeit und damit das existenzielle Alleinsein, das ein solches Kind wie Stefanie spürt, braucht nahe Begegnung, Trost und Begleitung.

Als zweite Hilfe in der Zeit unmittelbar danach ist es wichtig, sich darum zu bemühen, die Amygdala quasi zu beruhigen. Die Amygdala ist, wie Sie gesehen haben, dazu da, Signale zu senden, um vor existenziellen Bedrohungen zu warnen. Durch eine traumatische Erfahrung wird die Amygdala in Hochaktivität und Hochspannung versetzt. Ihre Aufmerksamkeit ist besonders groß. Deswegen signalisiert sie auch: Straßen bedeuten eine besondere Gefahr, also: nicht auf einer Straße gehen!

Ich schlage vor, die Amygdala in der Zeit unmittelbar nach einer solchen traumatischen Erfahrung quasi umzuerziehen, indem man ihr neue Signale von Halt und Sicherheit vermittelt und somit deren Spannungsbereitschaft abbaut und ihr signalisiert, dass die existenzielle Gefährdung vorbei ist.

Stress kann in einer solchen Situation wie ein Trigger wirken, der wieder das Trauma-Erleben hervorruft. Deswegen ist es wichtig und notwendig, den Stress zu reduzieren und Verunsicherungen möglichst zu vermeiden. Man sagt zwar, wenn man vom Pferd gefallen ist, soll man schnell wieder aufsteigen. Doch das ist für viele Kinder falsch. Wenn dies zu schnell geschieht, kann die Amygdala aktiviert werden und sich das Trauma-Erleben mit all den Ängsten und Verunsicherungen im Kind festsetzen. Wenn jemand vom Pferd gefallen ist, kann es richtig sein, Pferde eine Zeit lang zu meiden. Selbstverständlich nicht auf Dauer. Es wäre für Stefanie eine massive Einschränkung der Lebensqualität, wenn sie sich nicht mehr auf Straßen aufhalten könnte. Doch zunächst war es eine Überforderung, über die Straße zu gehen. Deswegen hat der Vater richtig gehandelt, indem er diesen Stress und mögliche Trigger-Auslöser zumindest für einige Tage vermied.

Damit sind wir bei der dritten wichtigen Hilfe in der Zeit unmittelbar danach. Es braucht dann kleine Schritte, um das wieder anzugehen, was Angst macht oder wo die Amygdala drängt, es zu vermeiden – also sich über einen bekannten Weg über die Straße auf den Bürgersteig zu bewegen, nicht an der Stelle, wo der Überfall geschah, sondern anderswo, wo es vertraut und sicherer ist; selbstverständlich nicht allein, sondern in Begleitung der Mutter, des Vaters, der Großeltern oder anderer vertrauter Bezugspersonen. Wer zu lange, um bei dem Beispiel der Straße zu bleiben, von ihr wegbleibt, dem kann die Hürde, sie schließlich zu betreten, zu groß werden.

Auch die Kita, in die Stefanie nach einer Woche wieder ging, ist für sie ein vertrauter Raum, birgt aber auch Stressgefahren. Hier ist es wichtig, dass die Eltern die Kita-Mitarbeiter/innen informieren, was geschehen ist. Es ist notwendig, dass auch in der Kita zumindest in den ersten zwei bis drei Wochen möglichst darauf geachtet wird, dass Stress reduziert wird und dass Stefanie nicht allein ist, wenn es Zeichen von Angst oder Unsicherheit gibt.

Eine traumatische Erfahrung beinhaltet, dass Kinder »aus der Welt fallen« und verstört sind. Sie brauchen Zeit und eine Achtsamkeit zwischen Zutrauen und Unterstützung, um wieder ihren Weg in den Alltag zu finden.

Reduzieren Sie Stress in der unmittelbaren Zeit nach einem traumatischen Ereignis!

Was mache ich, ...

... wenn Achim plötzlich einnässt

Beispiel aus der Praxis

Achim ist fünf Jahre alt, ein aufgeweckter, fröhlicher Junge, der gerne in die Kita kommt und mit anderen spielt. Er ist neugierig, fragt viel und will alles wissen und lernen.
Plötzlich beginnt er, sich einzunässen. Das kann ja jedem Kind einmal passieren, doch bei Achim wiederholt es sich und wird immer häufiger. Erst alle zwei Tage, dann nahezu täglich. Die Gruppenleiterin fragt die Eltern. Sie sind auch sprachlos. Die Mutter erzählt, dass Achim seit zwei Wochen jede Nacht mit einem feuchten Bettlaken aufwacht. Die Eltern hätten schon alles versucht. Sie haben Achim einerseits bestraft und ihm andererseits eine Belohnung versprochen, wenn die Bettdecke trocken bleibt. Doch nichts scheint zu helfen. Sie überlegen, ihm wieder Windeln anzuziehen.

Ein plötzliches Einnässen von Kindern kann unterschiedliche Ursachen haben. Manchmal spüren Kinder wie feine Seismografen, dass die Ehe der Eltern auseinanderzubrechen droht. Oder sie haben den Wegzug eines Freundes nicht verkraftet – oder die Erkrankung der Großmutter. Strafen und Belohnungsversprechen helfen nicht, sondern erhöhen nur den Druck. Druck ist in dem Kind ohnehin genug vorhanden. Er entlädt sich nachts. Manchmal auch tagsüber, indem die Blase sich entleert. Es gilt, die Ursachen des Drucks herauszufinden. Das ist das Entscheidende. Deswegen darf der Druck auf keinen Fall verstärkt werden.

Eine mögliche Quelle, ich betone EINE, kann eine traumatische Erfahrung sein, zum Beispiel ein sexueller Übergriff. Dies kann in jedem Lebensbereich geschehen sein, in dem Achim lebt, zum Beispiel in seiner Sportgruppe, beim Flötenunterricht oder in der Nachbarschaft. Es gilt in jedem Fall, mit den Eltern offen das Gespräch zu suchen und nach den möglichen Quellen zusätzlicher Belastung oder verletzender Erfahrungen zu fahnden. Achim gegenüber ist zu sagen: »Achim, dass du jetzt wieder in die Hose machst, nervt dich und andere bestimmt auch. Doch das geht wieder vorbei. Du machst das nicht extra. Du kannst nichts dafür. Wir werden gemeinsam versuchen, einen Weg zu finden, dass das wieder weniger wird.« Zumindest nachts Windeln anzubieten, ist für eine bestimmte Zeit sinnvoll. Sie können davon ausgehen, dass Achim sich schämt, dass er wieder wie ein »Kleiner« in die Hose macht. Diese Scham kann nicht ignoriert oder gar ausgeredet werden, sollte aber möglichst nicht verstärkt, sondern abgeschwächt werden. Hilfreich ist es, offen darüber zu reden und die ganze Angelegenheit zu entdramatisieren.

Um herauszufinden, ob ein möglicher sexueller Übergriff oder eine andere traumatische Erfahrung den Hintergrund des plötzlichen Einnässens bildet, ist es notwendig, Achims Gesamtverhalten zu beobachten und mit ihm immer wieder das Gespräch und sonstigen Kontakt zu suchen. Plötzliches Einnässen allein kann schon beschämen und zu einer Verhaltensänderung führen. Auch Achim ist nicht mehr so unbekümmert und fröhlich wie zuvor. Also gilt es, weiter zu beobachten.

Nicht Druck machen, sondern Druck reduzieren!

… wenn Steffi einen Wutanfall bekommt

Beispiel aus der Praxis

Die dreijährige Steffi zählt zu den eher ruhigen und »lieben« Kindern in der Kita. Die Kinder sind draußen im Garten und werfen sich Bälle zu. Ayse wirft Steffi einen Ball zu. Doch diese lässt ihn fallen. Da wird Steffi wütend. Sie schreit, geht auf Ayse zu und versucht, sie zu schlagen. Die Erzieherin geht dazwischen und trennt die beiden. Da schreit Steffi ununterbrochen. Sie lässt sich gar nicht mehr beruhigen. Sie mag die Erzieherin eigentlich und ist immer gut mit ihr ausgekommen. Doch nun schreit sie sie an und schlägt nach ihr …

Steffis Wutanfall überschreitet jedes Maß. Der verlorene Ball allein kann diesen Anfall nicht hervorgerufen haben. Hier entlädt sich etwas anderes. Steffis Wut ist hilflos, maß- und ziellos. Sie richtet sich gegen nichts und niemand Konkretes. Die frühpädagogischen Fachkräfte und alle anderen Beteiligten sind hilflos. Das kann ein Anzeichen dafür sein, dass auch Steffi hilflos ist und sich ihre Hilflosigkeit in ihrer Wut entlädt.

Auch hier gilt, dass ein solches Ereignis bei jedem Kind geschehen kann, aus welchen Gründen auch immer. Doch wenn sich ein solcher Anfall wie bei Steffi mehrmals wiederholt, sollte in jedem Fall nach dessen Quellen geforscht werden. Hier reicht es nicht, Steffi zu beruhigen und zu trösten. Hier ist es wichtig, zumindest zu versuchen, die Quelle abzustellen, aus der sich der Ausbruch speist.

Eine solche Quelle kann ein traumatisches Erleben sein. Traumatisierende Erfahrungen, gerade bei kleinen Kindern, rufen Gefühle extremer Hilflosigkeit hervor, die sich dann in solch aggressiven Ausbrüchen zeigen können. Ein sofortiges Elterngespräch ist sinnvoll.

Beispiel aus der Praxis

In Steffis Fall stellte sich heraus, dass ihr zwölfjähriger Bruder auf dem Computer des Vaters Pornoseiten entdeckt hatte, die er fasziniert betrachtete. Steffi hatte das von ihm unbemerkt gesehen und war von den Bildern so schockiert und überwältigt, dass dies traumatische Folgen hatte. In ihrem Wutanfall ohne nachvollziehbaren Anlass hatte sich der Schrecken entladen. Sie war gegenüber diesen Gefühlen als dreijähriges Kind vollkommen hilflos.

Die frühpädagogische Fachkraft, die Steffis Wutanfall, dem noch zwei weitere folgen sollten, mitbekam, hatte Hilflosigkeit gespürt und sich erschrocken. Beide Resonanzen waren ein Hinweis, dass auch Steffi hilflos und erschrocken bzw. voller Schrecken war. Steffi half es, dass die frühpädagogischen Fachkräfte sich sehr bemühten, Steffi zu beruhigen und zu trösten. Dadurch, dass schnell das Elterngespräch gesucht wurde, konnte die Quelle des Schreckens abgestellt und eine psychologische Beratung initiiert werden.

Forschen Sie nach der Quelle der maßlosen Wut!

… wenn Nareide erstarrt

Beispiel aus der Praxis

Nareide isst heute nicht, sie sitzt nur still am Tisch und starrt apathisch vor sich hin. Die Erzieherin spricht Nareide an, auch ihre Freundin möchte nach dem Essen mit ihr spielen, doch Nareide reagiert nicht. Als die Erzieherin sich um Nareide zu kümmern versucht, bemerkt sie, dass Nareide leise zittert und ihre Augen flackern. Sie fragt Nareide: »Darf ich dich in den Arm nehmen, um dich zu trösten?« Doch Nareide schüttelt den Kopf und zuckt zurück, als die Erzieherin eine Hand ausstreckt.
Sie sagt: »Du darfst heute bei mir in der Nähe bleiben, ich passe auf dich auf.« Dies macht Nareide. Auch in den nächsten Tagen bleibt sie immer in der Nähe der Erzieherin, ohne sich an Aktivitäten zu beteiligen oder von sich aus die Initiative zum Spiel zu ergreifen. Alle Angebote anderer Kinder lehnt sie ab.
Als ein Junge sie bei einem Spiel ganz leicht anrempelt, schreit Nareide auf. Ihre Augen füllen sich mit Tränen. Die Erzieherin fragt: »Tut etwas weh?« Nareide erstarrt und antwortet nicht. Sie hält sich den linken Arm. Die Erzieherin besteht darauf, sich den Arm anzuschauen, und zieht die Ärmel von Nareides langärmeliger Bluse hoch. Der Arm ist voller blauer Flecke, auch am anderen Arm sind Spuren von Schlägen oder zu festen Griffen zu sehen.
Die Erzieherin macht Fotos und informiert die Kita-Leiterin. Diese spricht die Mutter an, die ausweichend antwortet. Die Kita informiert das Jugendamt, das eine amtsärztliche Untersuchung anordnet und weitere Schritte unternimmt.

Die frühpädagogische Fachkraft handelt richtig. Nareide erhält Angebote und Schutz, wird aber nicht bedrängt oder überfordert. Als Anzeichen von Gewalttätigkeit sichtbar werden, wird dem nachgegangen und es werden sofort Konsequenzen gezogen und Hilfe geholt.

In solchen Fällen ist es schwierig, die Familie mit einzubeziehen, da häusliche Gewalt sich zumeist nicht nur gegen Kinder richtet, sondern auch gegen Ehepartner, meist gegen Ehefrauen. Diese Gewalt wird tabuisiert und die Gewaltopfer werden mit Drohungen dazu angehalten, »nichts zu erzählen«. Deswegen ist in solchen Situationen das Einschreiten externer Stellen geboten. Die Erfahrungen mit dem Kind sollten wie bei Nareide in jedem Fall durch Berichte oder Fotos dokumentiert werden.

Bei Anzeichen von körperlichen Gewalterfahrungen sollten Sie alles dokumentieren und Hilfe holen.

... wenn Ali nicht mit Wasser spielt

Beispiel aus der Praxis

Es ist Sommer. Auf der Freifläche der Kita ist ein Planschbecken aufgestellt. Alle Kinder toben und kreischen, sie springen in das Wasser, spritzen damit und haben ihre Freude an dem kühlen Nass. Nur Ali nicht. Ali steht daneben und beteiligt sich nicht. Es scheint, dass er Angst vor Wasser hat. Als Kinder ihn bespritzen, erstarrt er erst, dann läuft er in die entfernteste Ecke davon und versteckt sich hinter einem Baum. Eine Praktikantin geht zu Ali und fragt: »Was ist denn los?« Doch Ali antwortet nicht. Die Praktikantin handelt richtig, indem sie Ali sagt: »Du brauchst nicht mitzuspielen, anscheinend magst du kein Wasser. Das ist o. k. Komm, wir gehen hier zu den Bäumen und suchen eine Stelle, wo du dich hinsetzen und etwas anderes spielen kannst, ohne Wasser.«
Das machen sie. Doch sie merkt, dass Ali immer wieder furchtsam zu dem Wasserbecken schaut und anders ist als sonst, er wirkt verstört. Als Ali am Nachmittag von seinem Vater abgeholt wird, spricht die Gruppenleiterin diesen darauf an. Alis Vater ist erschrocken und erzählt, dass Ali mit seiner Familie aus dem Irak geflohen ist. Die Verwandten waren lange durch die Türkei geirrt, bis sie in einem Fischerboot auf eine griechische Insel übersetzen konnten. Dabei sind zwei Frauen und vier Kinder über Bord gefallen und ertrunken. Ali habe das mitbekommen, doch dass das noch so weit nachwirkte, das überraschte auch den Vater.

Diese Information war hilfreich für alle Beteiligten, um Alis seltsam scheinendes Verhalten verstehen zu können. Nun war klar: Ali verbindet mit Wasser Lebensgefahr. Also braucht er Schutz und sollte von Wasserspielen freigestellt und ferngehalten werden. Dies mag keine Lösung auf Dauer sein, denn es gibt immer wieder Gelegenheiten, mit Wasser in Kontakt zu kommen. Doch für die ersten Wochen war dies angemessen und hilfreich.

Ali brauchte viel Unterstützung durch Trost und Halt, Stärkung durch Wirksamkeitserfahrungen, wie ich sie bereits beschrieben habe und in den folgenden Kapiteln weiter beschreiben werde. Nach einigen Wochen begann er, sich allmählich an Wasser zu gewöhnen – in ganz kleinen Schritten am Waschbecken.

Nehmen Sie die Ängste ernst!

… wenn Enno nicht nach draußen will

Beispiel aus der Praxis

Enno ist ein kräftiger Junge, der früher gerne auf Bäume und Spielgeräte geklettert ist. Doch nun will er nicht mehr nach draußen. Bei lauten Geräuschen zuckt er zusammen. War er früher der Erste, der angezogen und bereit war, in den Park oder in den Garten zu gehen, so zögert er jetzt oder weigert sich, mitzukommen. Die Erzieherinnen fragen nach, doch Enno antwortet nicht, er schüttelt nur den Kopf. Im geschlossenen Raum spielt er mit den anderen Kindern. Es fallen keine Besonderheiten auf. Nur wenn die Fenster weit offen sind, blickt er immer wieder zu diesen.

Was ist zu tun? Zunächst einmal ist auch hier das Verhalten von Enno zu akzeptieren. Die frühpädagogischen Fachkräfte müssen davon ausgehen, dass dieses Verhalten für das Kind einen Sinn macht, auch wenn sie den Sinn nicht nachvollziehen oder verstehen können. Es können erste Annäherungen an das anscheinend so gefährliche »Draußen« unternommen werden, zum Beispiel, indem eine Fachkraft anbietet, gemeinsam mit Enno an das Fenster zu gehen und nach draußen zu schauen, ob es dort sicher ist oder ob dort etwas droht. Auch hier ist darüber hinaus das Gespräch mit den Eltern zu suchen.

Das Kind gehört zu einer geflüchteten Familie. Vor der Flucht war es ihm verboten, draußen zu spielen, weil immer die Gefahr bestand, dass es lebensbedrohliche Angriffe durch Kampfflugzeuge geben könnte. Als die Familie schließlich in Deutschland war, gab es diese Bedrohung nicht mehr. Die Eltern hatten ihm gesagt: »Hier kannst du unbesorgt draußen spielen, hier kann nichts passieren.« Doch irgendetwas musste geschehen sein, dass Enno wieder Angst bekam, etwas, was ihn erschreckte und sein Trauma-Gedächtnis aktivierte.

Nach zwei, drei Wochen tat sich eine Spur auf. In der Nähe der Kita stand ein Krankenhaus, das ab und zu von einem Rettungshubschrauber angeflogen wurde. Die Hubschraubergeräusche waren in Ennos Heimat ein Anzeichen für Lebensgefahr, denn die Hubschrauber warfen Bomben und schossen mit Maschinengewehren auf die Bevölkerung. Offenbar hatte Enno die Hubschraubergeräusche des Rettungshubschraubers gehört und war in seinem Erleben wieder in die Situation des Schreckens und der Lebensgefahr geraten. Die anderen Kinder und die Fachkräfte nahmen die Hubschraubergeräusche kaum noch wahr, so selbstverständlich und alltäglich waren sie ihnen.

Eine Fachkraft unternahm schließlich mit einigen Kindern einen Ausflug zu dem Krankenhaus. Dort wurden auch der Hubschrauberlandeplatz und der Hubschrauber selbst besichtigt, um den Kindern zu erklären, dass die Hubschrauber nicht umherflogen, um zu töten, sondern um kranke Menschen zu retten. Nun spielt Enno wieder draußen.

Achten Sie die Ängste der Kinder und suchen Sie nach ihrem ursprünglichen Sinn!

… wenn es mit Günay gar nicht mehr geht

Beispiel aus der Praxis

Die Leiterin der Kita ist verzweifelt. Die beiden Erzieherinnen in der Gruppe auch. Sie wissen nicht mehr weiter. Die vierjährige Günay entzieht sich allen Hilfsmöglichkeiten. Sie sprengt jeden Rahmen, indem sie bei jeder Gruppenaktivität ausschert, sich nicht an Regeln hält und andere Kinder beim Spielen stört.
Günay kommt aus dem Südosten der Türkei. Sie hat bei Kriegshandlungen ihre Mutter verloren. Genaueres ist nicht bekannt. Offenbar war sie Zeuge von deren Ermordung. Die restliche Familie floh dann unter sehr schwierigen Umständen. Die Odyssee dauerte fünf Monate.
Günays Verhalten ist geprägt durch einen oder mehrere traumatische Schrecken. Sie wirkt extrem unsicher und schreckhaft. Wenn eine Erzieherin sich um ein anderes Kind kümmert, ja, nur mit einem anderen Kind spricht, dann geht Günay aggressiv dazwischen, haut, schreit und beißt. Wenn Günay mit anderen Kindern spielt, wirkt es, als würde jedes Spiel zum Krieg werden. Sie kämpft. Sie muss gewinnen. Sie verteidigt sich gegen nicht vorhandene, aber offenbar vermutete Angriffe. Dann wieder kauert sie wimmernd in der Ecke, weint herzzerreißend …
Die beiden Erzieherinnen in der Gruppe haben sich sehr um Günay bemüht. Wenn eine von ihnen sich einzeln mit Günay beschäftigt, dann kann sich Günay entspannen und sich auf die Begegnung konzentrieren. Doch sobald andere hinzukommen oder irgendeine Form von Unruhe, Stress oder Erregung die Atmosphäre im Raum beeinflusst, eskaliert die Situation und wird unerträglich.
Die beiden Erzieherinnen sind ratlos. Die Leitung der Einrichtung, bei der sie Unterstützung gesucht haben, ebenfalls.

Was ist zu tun? Die Begleitung und Unterstützung für Günay sprengt den Rahmen dessen, was in einer Kita möglich ist. Günay braucht Hilfe – selbstverständlich. Die beiden frühpädagogischen Fachkräfte, die sich so rührend um sie kümmern, tun ihr gut. Doch sie hält kein Gruppensetting aus. Günay braucht eine Eins-zu-Eins-Betreuung und Therapie. Erst wenn sie dadurch so weit stabilisiert ist, dass sie nicht jeden Kontakt ihrer Begleitperson mit anderen Menschen bzw. vor allem mit anderen Kindern als existenzielle Bedrohung erlebt, kann sie in einer Gruppe leben. Günay ist unmittelbar im direkten traumatischen Schrecken gefangen. Alles, was sich ihr nähert, ist existenziell bedrohlich. Sie wehrt es aggressiv ab oder sie flieht.

Dies zu erkennen, ist für die Mitarbeiter/innen in der Kita traurig. Es wirkt wie ein Scheitern. Alle ihre Bemühungen hatten keinen Erfolg. Doch dieses Scheitern ist anzuerkennen, ist realistisch. Manchmal sind die Folgen von traumatischen Erfahrungen so groß, dass ein Kind einer besonderen Unterstützung bedarf und viele noch so kompetente und gut gemeinte Hilfestellungen in der Kita nicht reichen. Für Günay wird über den Kinderschutzbund und das Jugendamt therapeutische Unterstützung gesucht und vermittelt.

Eigene und durch die Arbeitsweise in der Kita bedingte Grenzen sollten erkannt und akzeptiert und externe Hilfsangebote wahrgenommen werden.

Spürende Begegnungen

Mit spürenden Begegnungen bezeichne ich Wege des Kontaktes, die weit über die bloßen sinnlichen Interaktionen hinausgehen. Sie schließen die Gefühle, die Atmosphäre und andere Aspekte des Erlebens in der Begegnung zweier Menschen ein. In der deutschen Sprache gibt es Mehrdeutigkeiten, die diesen Sachverhalt ausdrücken. Das Wort »hören« kann zum Beispiel eine Sinneswahrnehmung beschreiben: Ein Kind hört Ihre Stimme. Doch »hören« kann viel mehr umfassen. Ein Kind kann sich nicht gehört fühlen im Sinne von: »Ich werde nicht verstanden«. Es wird vielleicht in seinen Wünschen nicht »erhört« oder in seinen Belangen »überhört«. Treten diese Aspekte in den Vordergrund, hilft keine Erhöhung der Lautstärke, helfen keine Hörgeräte. Dann stehen Aspekte der Begegnung und Beziehung im Vordergrund.

Traumatisierte Kinder ziehen sich in der einen oder anderen Weise zurück und sind fast immer in ihren Begegnungsmöglichkeiten mit anderen Kindern und mit Erwachsenen verstört oder gestört. Deswegen ist die Arbeit mit spürenden Begegnungen von besonderer Bedeutung. Sie ist für jedes Kind wichtig. Für Kinder mit traumatischen Erfahrungen bietet sie oft den einzigen Zugang, wieder vertrauensvolle und offene Begegnungen mit anderen Menschen zu ermöglichen. Ich werde deshalb in den folgenden Abschnitten jeweils eine spürende Begegnung vorstellen und Anregungen geben, wie sie in der Praxis, insbesondere bei Kindern mit traumatischen Erfahrungen, Beachtung finden können.

Tönen, Hören und Gehört-Werden

Wenn Kinder auf die Welt kommen, schreien sie. Dieses Schreien ist oft ungerichtet und unspezifisch. Es ist Ausdruck des Stresses und der Aufregung der Geburt und lässt hören: Ich bin da! Im Laufe der Zeit wird das Schreien und insgesamt das Tönen von Säuglingen differenzierter. Aufmerksame Mütter und Väter hören die unterschiedlichen Qualitäten des Schreiens der Kinder heraus. Vielleicht hat das Kind die Windel voll. Vielleicht will es schlafen. Vielleicht ist es ärgerlich oder langweilt sich. Vielleicht ist es ein Schreien, mit dem das Kind zeigt, dass es wach ist und in den Arm genommen werden möchte.

Die erste spürende Begegnung umfasst sowohl das Tönen als auch das Hören und Gehört-Werden. Kinder werden erhört und gehört, oft auch überhört oder übertönt oder ihr Tönen geht ins Leere. Traumatisierte Kinder mussten in der Regel die Erfahrung machen, dass ihr »Nein« überhört wurde und dass ihre Hilferufe ins Leere gingen. Deswegen ist es für sie von besonderer Bedeutung, gehört zu werden.

Manche Kinder mit solchen Erfahrungen werden besonders laut und tönen aggressiv oder dauerhaft, andere verstummen. Verstummte Kinder fallen häufig nicht auf. Sie sind »pflegeleichter« als die lauten und aggressiven. Deswegen ist es besonders wichtig, sich auch mit ihnen intensiv zu beschäftigen. Doch in welcher Weise auch immer sich bei einem Kind zeigt, dass es nicht gehört oder überhört wurde: Sie können davon ausgehen, dass die traumatische Erfahrung Folgen hat und deshalb besondere Hilfestellungen förderlich sind.

Einige Anregungen:

- Summen Sie mit dem Kind. Summen ist leise und zart. Es ist nicht so laut und erschreckt deshalb nicht. Sie können selbst summen und das Kind anregen, mitzumachen. Oder Sie spielen mit dem Kind Biene und bauen dies in eine Geschichte ein, bis Sie und das Kind gemeinsam summen. Sie können aufgeregt summen oder zärtlich, suchend oder fordernd, bittend oder fröhlich …
- Ein schönes Spiel ist, wenn Sie sich mit dem Kind oder mit den Kindern in Quatschsprache unterhalten. Erzählen Sie, dass Sie sich in einem fremden Land befinden, wo eine ganz andere Sprache gesprochen wird als hier. Diese Sprache soll sich das Kind ausdenken oder Sie schlagen in irgendeiner Quatsch- oder Quasselsprache einige Laute vor. Dann unterhalten Sie sich. Das regt an, zuzuhören, und ermutigt, sich bemerkbar zu machen. Erzählen Sie sich in der Quasselsprache Geschichten, machen Sie sich Komplimente, beschreiben Sie sich ihre Lieblingsmahlzeiten oder singen Sie miteinander … Dieses Spiel kann insbesondere gehemmte Kinder anregen, sich etwas ungehemmter auszudrücken. Man muss nicht und man kann nicht die »richtigen Worte« finden, sondern darf einfach drauflosreden und man wird gehört.
- Sie befinden sich mit dem Kind oder den Kindern auf einer Zauberinsel. Auf dieser Insel gibt es viele Tiere, die sich in ihren Sprachen unterhalten. Sie machen vor oder regen nur an: »Macht mal alle Töne wie ein müder Hund, der nicht aufstehen möchte … und nun Töne wie eine aufgeregte Katze … nun Geräusche wie ein Elefant, der ärgerlich ist … oder wie ein Kanarienvogel, der sich auf Weihnachten freut …«. Die Kinder üben das Tönen und entdecken die Vielfalt ihrer Ausdrucksmöglichkeiten.
- Das Echospiel dient besonders der Erfahrung, gehört zu werden. Beginnen Sie damit, dass ein Kind etwas ruft und Sie das Echo sind. Das Kind ruft einen Satz, zum Beispiel: »Ich habe Hunger.« Sie antworten: »Hunger. Hunger. Hunger.« Dann umgekehrt. Sie rufen: »Ich bin müde!« Die Kinder antworten: »Müde. Müde. Müde.« Das Echospiel schärft die Aufmerksamkeit auf das, was man hört. Es vermittelt den Kindern die Erfahrung, dass sie gehört und verstanden werden.

Neben solchen spielerischen Übungen zählt selbstverständlich vor allem, dass die Kinder im Alltag zu Wort kommen und dass sie sich gehört und verstanden fühlen. Es ist besonders bei traumatisierten Kindern sehr wichtig, dass Sie auf die Äußerungen der Kinder reagieren. Bei manchen Kindern kann es sinnvoll sein, das, was sie sagen, noch einmal zu wiederholen, um sich zu vergewissern, dass Sie das, was Sie gehört haben, richtig verstanden haben und um den Kindern dies zu signalisieren. Dass die Kinder sich gehört und verstanden fühlen, muss nicht heißen, dass man überall immer zu allem »Ja« sagt, was sie äußern und sich vielleicht auch wünschen. Entscheidend ist, dass die Kinder mit dem, was sie sagen, nicht ins Leere gehen, sondern dass sie klare und eindeutige Antworten bekommen.

Sehen und Gesehen-Werden

Die zweite spürende Begegnung beinhaltet das Schauen und Sehen sowie das Gesehen-Werden. Der Blick Neugeborener in die Welt ist mehr als eine Wahrnehmung. Er öffnet die Seele und schafft eine Verbindung zwischen dem Herzen des Kindes und der Umgebung. Auch später dient der Blick der Augen nicht nur der Wahrnehmung, sondern ist Teil der Begegnung mit anderen Menschen. Wessen Blick nicht erwidert wird und ins Leere geht, fühlt sich verletzt, zumindest, wenn sich das wiederholt. Wer »übersehen« wird, ist gekränkt.

Kinder mit traumatischen Erfahrungen verbinden mit dem Sehen und Gesehen-Werden meist ein zwiespältiges Erleben. Auf der einen Seite sind sie »ausgeschaut« worden von den Täterinnen und Tätern. Der daraus folgende Impuls entwickelt das Bestreben, möglichst übersehen zu werden, um das Leid nicht noch einmal erleiden zu müssen. Auf der anderen Seite drängt das Leid danach, gesehen und geteilt zu werden. Wer in seinem Leid nicht gesehen wird, kann nicht getröstet werden und keine Hilfe erhalten. Insofern weichen Kinder mit traumatischen Erfahrungen oft den Blicken aus und sind gleichzeitig voller Sehnsucht nach Blickkontakt. Diese Widersprüchlichkeit gilt es, zu kennen und zu beachten.

Besonders wichtig ist es für diese Kinder, dass sie immer wieder die Rückmeldung erhalten, dass sie gesehen werden. Wenn ein Kind sich zurückzieht, hilft es ihm, dass wir ihm sagen: »Ich sehe, dass du dich zurückhalten möchtest oder dass du nicht mitmachen möchtest. Das ist okay. Wenn du wieder willst, komm und zeige es mir.« Die Kinder im aufmerksamen und zusprechenden Blick zu behalten, ist eine unterstützende und heilende Erfahrung.

Einige Anregungen:

- Alle Arten des Versteckspielens sind hilfreich. Im Kapitel über die traumasensible Ich-Stärkung werden einige besondere Variationen angeführt. Aber auch jede andere Form des Versteckspielens ist sinnvoll und fördert, dass sich Kinder gesehen fühlen und gleichzeitig die Erlaubnis erhalten, sich verstecken zu dürfen.

- Laden Sie Kinder ein, mit Kissen, Decken und anderem Material eine Burg zu bauen und sich in dieser Burg zu verstecken. Aus der Burg heraus darf man mit kleinen Papierkügelchen werfen ...
- Wenn ein Kind sich versteckt oder sich vor den Blicken anderer verbirgt, besteht die Möglichkeit, es darin zu belassen UND gleichzeitig mit ihm in Kontakt zu kommen. Das gelingt einfach dadurch, dass Sie und das Kind jeweils ein Musikinstrument erklingen lassen. Dadurch entsteht ein musikalischer Dialog. Sie können sich unterhalten – auch ohne Worte. Das Kind darf versteckt bleiben, während Sie draußen sind. Das Kind ist so nicht allein.
- Spielen Sie das Spiel: Ich sehe etwas, was du nicht siehst.
- Sehr beliebt und hilfreich zumindest bei etwas älteren Kindern ist das Spiel mit einem Fächer. Ein DIN-A4-Blatt Papier wird so gefaltet, dass daraus ein Fächer entsteht. Die Kinder können die Vorderseite, die sie nach außen zeigen, bemalen und die Innenseite frei lassen oder dort etwas zeichnen, was niemand sehen soll. Den Fächer können sich die Kinder (und Sie) vor das Gesicht halten. Man kann sich hinter dem Fächer verstecken, sich aber auch wieder zeigen und so mit Blickkontakten spielen. Manche Kinder reißen oder schneiden kleine Löcher in den Fächer, sodass sie sich verstecken und gleichzeitig andere sehen können. Dies schafft insbesondere für traumatisierte Kinder Sicherheit, nicht gesehen zu werden, und gibt ihnen gleichzeitig die Möglichkeit, durch Blickkontakte am Geschehen teilzuhaben.

Auch hier ist die Erfahrung, im Alltag zu sehen und gesehen zu werden, entscheidender als manche Spiele. Doch diese Übungen können vor allem traumatisierten Kindern helfen, erste Erfahrungen mit Blickkontakten zu wagen.

Greifen

Kinder greifen in die Welt. Sie strecken ihre Hände, ihre Arme aus und wollen nach anderen Menschen und nach Dingen greifen. Die ganz Kleinen greifen auch mit dem Mund, manche auch mit den Zähnen. Das Anfassen und Greifen ist ein besonders wichtiger Weg, sich die Welt zu erschließen. Wer nicht in die Welt greifen darf, wird Schwierigkeiten haben, die Welt zu begreifen.

Wenn Kinder ins Leere greifen und sich das wiederholt, dann schmerzt das. Manche versuchen dann, das Greifen zu erzwingen, indem sie aggressiv werden und nach allem greifen, schlagen oder werfen, was in ihre Reichweite kommt. Andere ziehen sich zurück und greifen nicht mehr, weil sie sich schämen und sich dem Schmerz, ins Leere zu gehen, nicht mehr aussetzen wollen.

Traumatisierte Kinder wurden oft gewaltsam ergriffen. Sie konnten sich nicht wehren. Ihr »Stopp« oder ihre Ablehnung wurden nicht respektiert. Viele von ihnen haben gleichzeitig die Erfahrung gemacht, dass sie vergeblich nach Hilfe gerufen haben, mit ihren Blicken, mit ihren Augen und auch mit ihren Händen. Ihre Bemühungen, nach Unterstützung zu greifen, sind ins Leere gegangen. Manche Kinder greifen deshalb nicht mehr und sie brauchen Unterstützung, wieder greifen zu lernen, und die Erlaubnis, wieder greifen zu dürfen.

Dafür gibt es vielerlei Anlässe im Alltag der Kita. Fast jedes Spiel ist mit Greiferfahrungen verbunden. Ob nach einem Stift gegriffen wird oder nach einem Ball, nach der Fachkraft oder nach einem Spiel-Klotz. Besondere Greifspiele sind deshalb kaum vonnöten.

Wichtig ist, dass Sie aufmerksam beobachten, ob ein Kind darauf verzichtet, in die Welt zu greifen und die Welt so zu begreifen. Dieses Kind braucht dann besondere Anregungen.

Manche traumatisierten Kinder reagieren auf die Leere-Erfahrung, indem sie beißen. Sie greifen dann nicht mehr – wie sie es eigentlich schon können – mit den Händen nach ihrer Welt, sondern mit ihren Zähnen. Hier reicht es nicht, ihnen das Beißen zu verbieten. Wichtig ist hier, Greiferfahrungen mit den Händen anzubieten und zu ermöglichen: »Hier, greif den Ball. Ich werfe ihn dir zu. Wirf ihn zurück.« Oder: »Hier. Greife nach meinem Arm. Du darfst ihn auch drücken.« Bewährt hat sich auch das Spiel mit Tüchern und Decken oder Kissen. Sie greifen nach einem Kissen oder einer Decke und fordern das Kind auf, dies ebenfalls zu tun. Das Kissen oder die Decke wird zu einem Kuchenteig erklärt, der durchgewalkt werden muss …

Andere Kinder reagieren auf negative Greiferfahrungen, indem sie besondere Lust entwickeln, gekitzelt zu werden und sich gleichzeitig davor fürchten. Hier sind Spiele angesagt, in denen die Kinder behutsam und nie gegen ihren Willen gekitzelt werden. Oft müssen diese Kinder den Anfang machen, selbst andere zu kitzeln. Dann können sie zulassen, selbst gekitzelt zu werden.

Entscheidend ist nicht, wonach gegriffen wird, sondern dass Greiferfahrungen mit Respekt und ohne jeden Zwang und jede Gewalt gesammelt werden.

Drücken

Wer einen anderen Menschen drückt, spürt seine eigene Kraft. Wenn das Drücken erwidert wird, entsteht eine energiegeladene und kraftvolle Atmosphäre. Viele Kinder haben das Drücken aber nur dadurch erfahren, dass sie »erdrückt« wurden. Folgen traumatischer und anderer Erfahrungen, zum Beispiel, dass starker Druck auf Kinder ausgeübt wurde, produzieren einen ständig wachsenden Druck voller Spannung und Wachsamkeit, ob sich die Erfahrung des Schreckens wiederholen wird oder könnte.

Kinder brauchen es, zu drücken und gedrückt zu werden.

Mein Leitsatz ist: »Gegen Druck hilft drücken« – sich spielerisch zu drücken, spielerisch mit dem Arm, mit dem ganzen Körper oder Kopf an Kopf. Das hilft gegen jeden Druck. Die Gegenrichtung des Drückens ist das Ziehen. Ein Kind, das an einer Decke zieht, die die frühpädagogische Fachkraft hält, erlebt ähnliche Qualitäten wie beim Drücken. Wer sich beim Ziehen nicht an den Händen berühren kann, kann Tücher oder Decken als Verbindung nehmen und seine Kraft ausleben.

Einige Anregungen:

- Sie fordern ein Kind oder drei bis vier Kinder auf, einen schweren Tisch beiseitezuschieben. Sie sind der Tisch und lassen sich schieben …
- Kinder angeln. Eine große Decke wird ausgebreitet. An einer Seite sitzen oder stehen die Kinder und an der anderen Sie. Sie sind der große Walfisch, die anderen Kinder ziehen sie aus dem Wasser …
- Wenn eine erwachsene Person nicht mitmachen kann oder will, können Gegenstände gedrückt werden, zum Beispiel Bälle oder größere Puppen.
- Ein sehr beliebtes Spiel besteht darin, mit altem Zeitungspapier zu spielen. Jeweils ein Bogen Zeitungspapier kann zerknüllt und zu einem Schneeball werden, mit dem man sich bewerfen kann, ohne dass eine Gefahr von Verletzungen besteht. Oder es können mit mehreren Lagen Zeitungspapier Objekte gebaut werden, ganze Schneemänner. Die Drückerfahrung zeigt sich hier darin, dass das Zeitungspapier zerknüllt und zusammengepresst wird. Mit Kreppband kann dann alles aneinandergefügt werden.

- Ebenfalls Drückerfahrungen ermöglichen alle Spiele mit Knete oder Erfahrungen beim Backen. Auch ein Teig wird durch Drücken geknetet.

Bei allen Druck- und Ziehspielen ist es wichtig, dass keine Gewalt entsteht. Deswegen bevorzuge ich, dass Erwachsene den Kindern Druck- und Zieherfahrungen ermöglichen, da solche Spiele zwischen den Kindern manchmal in Aggressivität umschlagen können. Druck- und Ziehspiele sind eine wesentliche Hilfe für Kinder mit traumatischen Erfahrungen. Deswegen sollten sie angeboten und eingesetzt werden, aber mit besonderer Achtsamkeit.

Lehnen

Auch das Lehnen bezeichnet körperliche und motorische Aktivitäten: Sie lehnen sich zum Beispiel an eine Wand. Es beinhaltet aber auch spürende Begegnungen: Ein Kind darf sich anlehnen und wird so gestützt und gehalten. Das Lehnen ist die Königsdisziplin der spürenden Begegnungen. Viele Kinder und vor allem traumatisierte Kinder kennen das Lehnen nur dadurch, dass sie abgelehnt werden oder sich abgelehnt fühlen. Lehnen bedeutet aber, sich anlehnen zu können, Halt zu erfahren, ganz buchstäblich sich in den Schoß eines Erwachsenen zu kuscheln oder in einer anderen Weise sich anlehnen zu können.

Wenn Kinder sich nicht anlehnen können, erfahren sie keinen Halt und dann ist es schwer für sie, eine Haltung zu entwickeln. Sie brauchen das Anlehnen, um Rückendeckung zu erfahren und die Sicherheit zu bekommen, mit der sie sich in die Welt hinauswagen.

Da die meisten Fälle traumatisierender Erfahrungen in sexuellen Übergriffen bestehen und diese wiederum zum allergrößten Teil von nahen Verwandten oder dem Freundeskreis der Familie der Kinder verübt werden, fühlen sich diese Kinder verraten und extrem abgelehnt. Menschen, denen sie vertrauten, taten ihnen Gewalt an. Dies schafft Misstrauen und kann ein grundlegendes Gefühl hervorrufen, dass sie es nicht wert sind, Halt zu erfahren, dass sie abgelehnt werden. Umso wichtiger ist es, dass sie neue Erfahrungen des Lehnens und Haltens machen können.

Dies kann nur aufgrund der Vorerfahrungen sehr behutsam und in kleinen Schritten erfolgen. Dass diese Kinder misstrauisch sind, wenn ihnen andere Menschen anbieten, sich anzulehnen, ist nachvollziehbar und muss berücksichtigt werden. Doch gilt es, immer wieder und immer neue Angebote zu unterbreiten. Sie können sicher sein, dass das Kind Sehnsucht danach hat, sich anlehnen zu können, UND gleichzeitig vorsichtig, scheu und misstrauisch ist. Deswegen unterbreiten Sie Ihre Vorschläge als Angebot und nie als strikte Aufforderung oder gar mit Druck.

Einige Anregungen:

- Wenn Sie es mögen, sagen Sie dem Kind: »Ich bin das Sofa, du darfst dich draufsetzen.« Breiten Sie dazu, wenn Sie mögen, die Arme aus wie eine Sofalehne oder bieten Sie sich als Sessel oder als Kissen an.
- Manche Kinder lieben es, sich mit ihrem Kopf auf die Oberschenkel anderer Menschen zu legen. Oft brauchen sie ein Kissen dazwischen. Oder sie lehnen sich nebeneinandersitzend mit ihrem Kopf an den Oberarm der erwachsenen Person an.
- Viele Kinder spielen gern das Samenkorn. Sie bieten dem Kind eine offene Hand mit der Handfläche nach oben. Sie bitten es, dass das Kind eines seiner Hände in Ihre offene Hand legt (lehnt!). Diese Hand ist ein Samenkorn. Das Samenkorn braucht einige Zeit, manchmal eine halbe Minute, manchmal eine Minute, um in der Erde zu liegen. Es braucht auch Energie und Wasser, um wachsen zu können. Als Energie und Wasser nehmen Sie vielleicht ein Summen oder ein Lied, das Sie dem Samenkorn gemeinsam vorsingen. Nach einiger Zeit entsteht aus dem Samenkorn eine Blume oder eine Pflanze, etwas, was das Kind wünscht. Das Kind darf sich von der Erde, also Ihrer Hand, lösen und mit seiner Hand diese Pflanze spielen.

- Sie spielen müder Esel. Sie selbst sind ein Esel und legen Ihren Kopf oder Ihre Hand oder Ihren Arm an das Kind. Das Kind hält Sie bzw. Ihr Körperteil und Sie dürfen sich ausruhen. Dann umgekehrt. Das Kind darf sich als müder Esel an Sie anlehnen und bei Ihnen ausruhen.

Die meisten Anlässe für Übungen und Erfahrungen des Lehnens ergeben sich einfach aus dem Alltag, aus der Situation heraus. Für Sie ist es wichtig, dass Sie die Wichtigkeit des Lehnens verstehen und solche Anlässe nutzen und aufgreifen.

Noch ein Hinweis: Es gibt manchmal Bestrebungen, im Vorschulbereich körperlichen Kontakt zu unterbinden. Als Begründung wird meistens angeführt, dass damit sexuellen Übergriffen vorgebeugt werden solle. Diese Meinung vertrete ich nicht. Sie widerspricht allen Erfahrungen und Erkenntnissen. Sexuelle Übergriffe haben nichts mit Berührungen zu tun, erst recht nicht mit Lehnen, sondern mit Gewalt und Macht. Es geht darum, dem Kind gegenüber keine Macht auszuüben und es zu keinen Berührungen zu zwingen. Es geht um Angebote, nicht mehr und nicht weniger. Viele Kinder mit traumatischen Erfahrungen gehen in der Zeit danach ins Leere, wie ich beschrieben habe. Ihnen zum Beispiel die Möglichkeit zu verbieten, sich bei einer frühpädagogischen Fachkraft anlehnen zu dürfen, würde sie wieder ins Leere gehen lassen. Entscheidend ist nicht die Berührung, sondern die Haltung dabei. Wenn Kinder misstrauisch sind und sich vor Berührungen scheuen, dann muss dies respektiert werden. Wenn Kinder Berührungen möchten und akzeptieren, dann sollte das mit einer Haltung des Respektes und der Selbstverständlichkeit erlaubt, ja, sogar gefördert werden.

Traumasensible Ich-Stärkung

Wenn ein Kind ein Trauma erleben musste, dann ist es in seinem Selbstwertgefühl geschwächt und gestört. Dieses Kind braucht eine Ich-Stärkung, die traumasensibel ist, also auf die besonderen Bedingungen des Kindes aufgrund der traumatischen Erfahrung Rücksicht nimmt. Das bedeutet keineswegs, dass das Kind isoliert und als besonders »bedürftig« behandelt werden sollte. Ich-Stärkung brauchen auch andere Kinder. Die Trauma-Sensibilität, die bei der Begleitung traumatisierter Kinder gefordert ist, bezieht sich vor allem auf Verständnis und besondere Rücksichtnahme. Im Folgenden stelle ich einige Anregungen vor, mit denen die Ich-Stärkung gefördert werden kann.

Der Gefühlsbaum

Welchen Sinn haben Gefühle? Sie sind dafür da, dass die Kinder spontane Beziehungen zu anderen Menschen ausdrücken, leben und gestalten können. Wer Angst hat, zieht sich zurück. Wer neugierig ist, wendet sich zu. Wer jemanden mag, sucht Nähe usw. Durch eine traumatische Erfahrung wird das gesamte Gefühlsleben durcheinandergewirbelt und teilweise blockiert. Sich mit Gefühlen zu beschäftigen, ist deshalb für alle Kinder wichtig und notwendig – für Kinder mit traumatischen Erfahrungen in besonderer Weise.

Wenn Kinder darin unterstützt werden, ihre Gefühle zu spüren und leben zu können, dann wird ihr »Ich« stärker, weil sie sich selbstbewusster und freier in Beziehungen zu anderen Kindern und auch Erwachsenen verhalten können. Dabei ist es wichtig, dass sie auch Worte für die Gefühle finden, denn oft sind diese Worte verloren gegangen, wenn sie überhaupt vorhanden waren.

Ablauf

Sie reden mit den Kindern über Gefühle, vielleicht am Beispiel eines Buches oder indem Sie unterschiedliche Smileys vorstellen und die Kinder fragen, welches Gefühl das Smiley ausdrückt und ob sie dieses Gefühl kennen. Wie ausführlich diese Eingangsphase gestaltet werden sollte, hängt vom Alter der Kinder ab und davon, ob und wie weit sie in der Lage sind, Gefühle auszudrücken und zu benennen.

Bilderbuchtipps zum Thema Gefühle

- *Heute bin ich* von Mies van Hout, aracari
- *Gefühle sind wie Farben* von Susanne Härtel, Beltz & Gelberg

In der zweiten Phase malen Sie möglichst gemeinsam mit den Kindern einen Baum mit einem Stamm und Ästen auf ein großes Blatt Papier, das an einer Wand aufgehängt wird. Das ist der Kern des Gefühlsbaumes. Sie erklären: »An diesen Baum werden wir alle Gefühle aufhängen, die wir kennen.«

Nun nehmen Sie Papiere, die ungefähr kopfgroß und kreisförmig sind, und fragen die Kinder nach einem Gefühl, zum Beispiel nach Angst. Die Kinder schlagen vor, wie die Angst gemalt werden sollte. Vielleicht als Gesicht eines ängstlichen Menschen. Vielleicht nur mit einer Farbe, zum Beispiel einem großen, breiten, schwarzen Strich, oder auf eine andere Weise. Sie schreiben darunter das Wort »Angst«. Das Angstbild können Sie für die Kinder oder gemeinsam mit den Kindern gestalten und anschließend wie eine Frucht an den Gefühlsbaum hängen.

Dann kommt das nächste Gefühl an die Reihe. Auch hier wird ein Blatt Papier als Ausdruck dieses Gefühls gestaltet.

Diese Einheit ist für alle Kinder interessant und bedeutsam, weil sie sich über Gefühle austauschen können und Worte, Farben und Bilder für ihre Gefühle finden.

Beispiel aus der Praxis

Asya ist ein traumatisiertes Kind, das mit seinen Eltern geflohen ist. Als die Kindergruppe das Gefühl Freude gestaltet und einen lachenden Clown malt, lacht Asya mit. Dann, als die Traurigkeit gemalt werden soll und der Kreis mit vielen Tränen gefüllt wird, beginnt Asya, verhalten zu weinen. Doch die Tränen fließen nicht wirklich, sie versucht, sie zurückzuhalten, und wendet sich von den anderen ab. Die Erzieherin geht zu Asya und sagt: »Du darfst ruhig traurig sein.« Asya nickt. Vielleicht ist ein Anfang gemacht, die Traurigkeit zuzulassen.

Hinweis

Je kleiner die Kinder sind, desto klarer und umfangreicher müssen die Vorgaben und Hilfestellungen sein. Es können Fotos von Menschen mit unterschiedlichen Gefühlen verwendet werden, unterschiedliche Smileys und andere Hilfsmittel. Je älter die Kinder sind, desto eigenständiger können sie bei der Gestaltung mitwirken oder sie ganz in die eigenen Hände nehmen. Wichtig ist, dass keine schematischen Farbzuordnungen vorgenommen werden. Der Zorn muss nicht auf ein rotes Blatt Papier gemalt werden. Die Angst muss nicht schwarz sein und die Freude nicht gelb. Diese Farbzuordnungen können vorgenommen werden, wenn die Kinder dies wollen – aber nicht als klischeehafte Vorgaben.

Wir Helden

Jedes Kind identifiziert sich mit stärkeren Lebewesen, ob Menschen, Tieren oder Fantasiefiguren. Über die Identifikation übt das Kind, stark zu sein, und integriert zumindest ein wenig der Stärke des Identifikationsobjektes in sein eigenes Leben und Erleben. Dies nutzen wir in dem Angebot »Wir Helden«.

Ablauf

Jedes Kind wird zu einem Helden. In der Fastnacht ist es üblich, sich mit solchen Helden, wie Indianer, Cowboy oder Weltraumpilot, zu identifizieren. Diesmal braucht es keinen Karneval und auch keine Verkleidung. Der erste Schritt besteht darin, dass mit jedem Kind gesucht wird, mit welcher Figur es sich identifizieren möchte. Das macht Spaß. Bei manchen braucht es Anregungen. Andere wissen sofort, wer sie sein möchten.

Im zweiten Schritt geht es nun darum, Eigenschaften des jeweiligen Helden herauszufinden. Manche Kinder werden dies sofort wissen. Andere brauchen Unterstützung bei der Suche:

»Ich kann fliegen.«
»Ich rette die anderen.«
»Ich bin ein großer Kämpfer.«
»Ich kann zaubern.«
»Ich kann unsichtbar sein.«

Der dritte Schritt besteht nun darin, dass sich die Kinder mit den Helden identifizieren. Sie nehmen die gleiche Haltung ein, gehen in die Pose, bewegen sich ähnlich. Dann gehen und bewegen sie sich als Helden durch den Raum.

Dann kommt die große Zauberin bzw. der große Zauberer (die frühpädagogische Fachkraft) und zaubert sie wieder in ihr normales Kindsein zurück, aber mit dem Hinweis: »Wenn ihr wollt, könnt ihr jederzeit wieder Helden werden.«

Beispiel aus der Praxis

Lilo, die ein schlimmes Ereignis durchleben musste, war bei diesem Spiel sehr schüchtern. Sie musste gezielt einzeln angesprochen und ermutigt werden, sich in eine Heldin zu verwandeln. Sie sagte: »Ich weiß nicht, wie die heißt. Aber es ist eine Superheldin. Die habe ich mal gesehen. Ich weiß nicht mehr wo. Im Fernsehen oder im Heft.«
»Was kann sie denn? Was ist denn an ihr so besonders?«
»Sie kann sich unsichtbar machen.«
»Das wärst du auch gerne manchmal.« Lilo nickt.
Sie hält sich die Hände vor ihr Gesicht und ruft: »Ich bin unsichtbar. Ich bin nicht da!«
Die Identifikation mit ihrer Heldin verschafft ihr den Schutz, den sie gebraucht hätte und manchmal immer noch braucht …

Hinweis

Sie können dieses Spiel darin variieren, dass sich die Kinder mit Tieren identifizieren. Das ist bei Kleineren oft sinnvoller, weil diese noch nicht so in der Welt der Helden bewandert sind. Auch in der Begleitung einzelner, vor allem traumatisierter Kinder ist das Spiel »Wir Helden« sinnvoll. Sie können intensiver auf das Kind eingehen, als es in der Gruppe möglich ist. Andererseits können Kinder in der Gruppe durch die Aktivitäten und Ideen anderer Kindern angeregt und ermutigt werden.

Ich sehe dich

Alle Kinder spielen gerne Verstecken. Der tiefere Sinn besteht darin, dass sie gerne gesucht werden. Kinder wollen gesehen, gesucht und gefunden werden. Darum geht es ihnen, wenn sie sich im Spiel verstecken.

Das Spiel »Ich sehe dich« ist eine Variante des Versteckens-Spielens, in der besonders betont wird, dass das gesuchte Kind nicht nur gesehen wird, sondern was an diesem Kind wahrgenommen und geschätzt wird.

Ablauf

Das Verstecken beruht auf den Regeln, die auch sonst gelten. Ein Kind wendet sich ab und hält sich die Augen zu. Die anderen laufen weg und verstecken sich. Das suchende Kind zählt bis fünf oder zehn, bis es sich umdrehen kann und die Suche beginnt.

Doch in dieser Variante darf ein Kind erst dann abgeschlagen und gefunden werden, wenn das suchende Kind eine Eigenschaft oder ein Merkmal des gefundenen Kindes als Kompliment ausruft, zum Beispiel: »Stefan, der die Bonbons teilt« oder: »Stefan, der so gut Häuser bauen kann«. Dann geht es weiter …

Traumatisierte Kinder spielen dies gerne und besonders gerne lassen sie sich suchen und finden. Durch die Rückmeldung erhalten sie Aufmerksamkeit. Sie fühlen sich gesehen und ernst genommen.

Beispiel aus der Praxis

Alicia versteckte sich nicht. Sie nahm nur die Hände vor ihr Gesicht und rief: »Ich bin weg.« Als die Kinder sie gefunden hatten, was schnell geschah, behielt sie die Hände vor dem Gesicht und sagte wieder: »Ich bin noch weg.« Die Erzieherin fragte: »Was willst du, was brauchst du denn, damit du wieder da bist?« Die Antwort: »Kitzeln.« Die anderen Kinder kitzelten sie. Alicia lachte.

Andere Kinder mit traumatischen Erfahrungen wollen sich nicht verstecken. Sie beteiligen sich allenfalls an der Suche.

Als Borna an der Reihe war, sich zu verstecken, sagte sie zur Erzieherin: »Nur du darfst mich finden.« Sie hatte ein hohes Sicherheitsbedürfnis. Es war gut, dass sie dem Ausdruck verleihen konnte.

Hinweis

Das Spiel »Ich suche dich« kann auch in Kleingruppen gespielt werden, ebenfalls in der Einzelbegleitung von Kindern, wenn die Begleitperson und die frühpädagogische Fachkraft sich abwechselnd suchen oder sich verstecken.

Monsterjagd

Wer eine traumatische Erfahrung machen musste, wurde von einem Monster heimgesucht. Selbst aktiv zu werden, um Monster zu jagen und sie zu besiegen und dies noch gemeinsam mit anderen Kindern, kann die Kinder stärken und aus Hilflosigkeit und Passivität herausführen.

Ablauf

Die frühpädagogische Fachkraft sagt den Kindern: »Heute jagen wir ein Monster.« Im nächsten Schritt wird festgelegt, wo sich das Monster versteckt. Die Kinder versammeln sich in einer Ecke des Raumes. In einem anderen Bereich befindet sich das Monster.

Falls ein Kind Angst hat, hilft es, darauf hinzuweisen, dass es viele Kinder sind und die frühpädagogische Fachkraft diese beschützt und unterstützt: »Wir sind stärker als das Monster!«

Als nächste Phase folgt dann, dass sich alle Kinder einige Meter an das Monster heranschleichen. Dabei müssen sie ganz leise sein und auch leise mit den Füßen auftreten. »Pssst!« Das ist alles, was sie äußern können. Dann auf ein Zeichen des obersten Monsterjägers (ein ausgewähltes Kind oder die frühpädagogische Fachkraft) stürzen sich alle mit Gebrüll auf das Monster. Das Monster bekommt Angst vor den Kindern, flieht und verschwindet. Die frühpädagogische Fachkraft kommentiert dies und sagt: »Das Monster ist weg. Das Monster hat vor uns Angst. Es ist abgehauen.«

Nun beginnt die letzte Phase. Die Kinder feiern und jubilieren. Sie klatschen und rufen im gemeinsamen Rhythmus: »Wir sind die Sieger. Wir sind die Monsterjäger!«

Beispiel aus der Praxis

Jens hat den Unfall seines Vaters miterleben müssen. Er leidet immer noch an einigen Auswirkungen dieser traumatischen Erfahrung. Bei der Monsterjagd macht er erst zögernd mit und wird dann immer lauter. Sein Zorn und seine hilflose Wut finden einen Weg aus dem Herzen. Als das Monster besiegt ist und die Siegesfeier beginnt, wird er still, zieht sich an den Rand zurück und zittert ein wenig. Die Erzieherin geht auf ihn zu, nimmt ihn in den Arm und sagt: »Es ist alles gut. Du bist nicht allein!« Jens nickt und lächelt.

Hinweis

Das Monster braucht keinen Namen. Meistens reicht es, wenn es als »Monster« bezeichnet wird. Jedes Kind stellt sich darunter ja sein eigenes Monster vor. Wenn Kinder möchten, dass sie dem Monster einen Namen geben, dann sollten sie dies tun. Es werden Vorschläge gesammelt und irgendwann entscheiden die Kinder oder die frühpädagogische Fachkraft, wie das Monster heißt.

Die Kinder haben anfangs vielleicht noch Hemmungen oder fragen sich, wie das mit dem Brüllen überhaupt funktioniert. Hierfür eignet sich eine löwenstarke Bilderbuchgeschichte, die sie zu Beginn gemeinsam mit den Kindern lesen können. Denn wer könnte einem das Brüllen besser beibringen als ein Löwe?

Bilderbuchtipp zum Thema Brüllen

- *Der Löwe in dir* von Rachel Bright, Magellan

Ich bin ich

In dieser Einheit geht es darum, dass die Kinder ihr Selbstbewusstsein stärken und dass sie ihre eigenen Besonderheiten und vor allem ihre einzigartigen Fähigkeiten entdecken und würdigen. Es geht darum, sich nicht an andere anzupassen, zumindest nicht nur und nicht immer, sondern den eigenen Wert und die eigene Wichtigkeit zu spüren, so gut dies kindlich möglich ist.

Ablauf

Fast alle kennen das Bilderbuch »Das kleine Ich bin ich«. Das Buch wird vorgelesen und die Bilder werden betrachtet. Dies ist der erste Schritt.

Bilderbuchtipp zum Thema Ich bin ich

- *Das kleine Ich bin ich* von Mira Lobe, Jungbrunnen
- *Ich bin anders als du – Ich bin wie du: Das große Bilderbuch zum Vor- und Mitlesen: Ein Wende-Bilderbuch über Vielfalt* von Constanze von Kitzing, Carlsen
- *Seine eigene Farbe* von Leo Lionni, Beltz&Gelberg

Im zweiten Schritt werden die Kinder gebeten, ihr eigenes »Ich bin ich« zu malen. Viele Kinder sind dazu in der Lage und haben sofort Fantasien. Andere brauchen dazu Unterstützung. Manche Kinder malen sich selbst, so gut sie es können. Andere können angeregt werden, sich selbst als Fantasiefigur zu malen.

Fragen und Anregungen dazu können sein:

- Was magst du an dir?
- Was kannst du besonders gut?
- Was kannst du vielleicht sogar besser als andere?
- Male dich so!

Eine andere Möglichkeit besteht darin, sich als Tier zu malen:

- Welches Tier möchtest du gerne sein?
- Male dich als dieses Tier!

Für kleinere Kinder können Sie eine – ausgeschnittene oder vorgezeichnete – Figur zur Verfügung stellen und sie dann auffordern, sich selbst als »Ich bin ich« auszumalen.

Als eine weitere Möglichkeit, ein Ich-bin-ich-Bild zu erstellen, können Sie ein Porträtfoto des Kindes vergrößern und auf DIN-A4-Größe ausdrucken. Dieses Bild wird dann auf ein größeres, weißes Blatt gelegt, mehr oben oder in die Mitte, ganz wie das Kind möchte. Dann kann das Kind daraus und um das Porträt herum eine Figur malen. Vielleicht fügt es dem Kopf auch einen Körper, Arme und Hände hinzu, malt diese aus und gestaltet das, was ihm gerade wichtig ist als »Ich bin ich«.

Oder das Foto wird in die Mitte des Blattes geklebt und um das Foto herum malt das Kind Antworten auf folgende »Ich bin ich-Fragen«:

- Was kann ich besonders gut?
- Was ist meine Lieblingsspeise?
- Was ist meine Lieblingsfarbe?
- Was ist mein Lieblingsbuch?
- Was ist mein/e Lieblingssportler/in, Lieblings-Filmfigur, Lieblings-Comicfigur …?
- Was ist meine Lieblingsmusik?
- Was mag ich an mir besonders gerne?

Beispiel aus der Praxis

Tom hatte seine Oma verloren und kam darüber nicht hinweg. Er malte sich als »Ich bin ich« sehr klein an den Rand eines Blattes Papier. Der Erzieher fragte: »Oh. Du bist aber klein. Daneben ist noch viel Platz. Fehlt da jemand?« Tom überlegte und sagte dann: »Die Oma!« »Dann male sie doch dazu«, meinte der Erzieher. Tom malte die Oma. Er war traurig und froh zugleich. Die Oma war zumindest auf dem Bild und bestimmt in seinem Herzen noch bei ihm.

Hinweis

Die Kinder werden sich darin unterscheiden, wie weit sie sich als »Ich bin ich« malen. Manche werden versuchen, ihr Äußeres irgendwie darzustellen, andere werden in der Lage sein, sich selbst mit bestimmten Fähigkeiten und Eigenschaften als »Ich bin ich« zu gestalten. Durch die Kombination der Geschichte vom »Ich bin ich« und das eigene Gestalten werden das eigene Bild und damit die Selbstdarstellung beeinflusst. Kinder, die sich in diesem Kontext malen, zeigen sich selbstbewusster und selbstsicherer, als wenn sie nur ohne die Vorgeschichte mit dem »Ich bin ich« ein Selbstbild produzieren.

Angstfresserchen

Sie kennen sicherlich die schöne Geschichte von Michael Ende über »Das Traumfresserchen«. Ein König hat eine Tochter, die unter bösen, schlechten Träumen leidet. Der König ruft alle seine Ärzte, Berater und Heiler zu Hilfe. Keiner kann seiner Tochter helfen. Da reist er durch die Welt und sucht überall nach Hilfe für seine Tochter. Doch vergeblich. Als er am Ende der Welt angelangt ist, weint er bitterlich. Da nähert sich ihm ein Wesen. Das fragt ihn, warum er denn so traurig sei. Der König erzählt die Geschichte von seiner Tochter und seiner vergeblichen Suche. Da sagt dieses seltsame Wesen: »Ich kann dir helfen. Ich bin ein Traumfresserchen. Ich ernähre mich von Träumen. Je böser und schlimmer die Träume sind, desto mehr schmecken sie mir.« Das Traumfresserchen begleitete den König in sein Reich und befreite die Tochter von den bösen Träumen.

Diese Geschichte habe ich zum Anlass genommen, den Kindern, die unter Ängsten leiden, auf kreative und spielerische Weise zu helfen. Angst schwächt das Ich. Das Angstfresserchen kann das Ich stärken, indem es Ängste vermindert oder auffrisst.

Bilderbuchtipp zum Thema Angstbewältigung

- *Das Traumfresserchen* von Michael Ende, Thienemann

Ablauf

Wir erzählen die Geschichte vom Angstfresserchen:

Mirko hatte viel Angst, manchmal tagsüber, manchmal nachts. Manchmal ein bisschen Angst, manchmal mittlere und manchmal ganz große Angst. Mirko konnte seinen Eltern von seinen Ängsten nichts erzählen. Er fand keine Worte dafür. Vielleicht hatte er auch Angst, dass seine Eltern auch Angst hatten. Eines Nachts wachte Mirko mit Angst auf. Er setzte sich in seinem Bett auf und sagte:

»Ich will keine Angst haben. Wenn es doch nur einen Zauberer gäbe, der mir meine Angst wegnehmen könnte.«

Da erschien eine wunderschöne Zauberfee in einem Mantel ganz in Weiß mit dünnen goldenen Streifen. Sie sprach: »Mirko, dein Angstfresserchen kann dir helfen. Du musst ihm erlauben, dass es dir helfen kann. Du hast es noch nicht gesehen. Wie es aussieht, weißt nur du. Wie es deine Angst fressen kann, weiß auch nur dein ganz spezielles Angstfresserchen. Wenn du morgen aufwachst, nimm Papier und male dein Angstfresserchen, so wie du es siehst. Hebe das Blatt gut auf oder nimm es immer mit, wenn du unterwegs bist. Dein Angstfresserchen kann deine Ängste fressen. Dein Angstfresserchen findet deine Angst lecker, es ernährt sich davon. So wie du gerne Süßes oder Gummibärchen isst, isst das Angstfresserchen Ängste. Das Angstfresserchen wird dir deine Ängste nicht alle auf einmal nehmen, aber immer weiter an den Ängsten herumknabbern, bis sie immer weniger werden.«

Mirko schlief wieder ein und dachte am nächsten Morgen, er hätte das nur geträumt. Doch als er wach wurde und sich die Augen rieb und aufstand, meinte er: »Ich kann es ja mal versuchen.« Er ging an den Tisch, nahm seine Malstifte und malte sein Angstfresserchen. Er hängte es mit Kreppband an die Wand über seinem Bett.

Und das Angstfresserchen fraß und fraß und fraß …

Erzählen Sie den Kindern oder dem einzelnen Kind diese Geschichte oder eine ähnliche über das Angstfresserchen. Wichtig ist, dass nur jedes Kind selbst weiß, wie sein Angstfresserchen aussieht.

Beispiel aus der Praxis

Ein Kind kam zu seinem Vater und sagte: »Papa, du hast mir letztens ein Angstfresserchen gemalt und das hängt ja auch über meinem Bett. Das hilft gegen die kleinen Ängste. Es ist ja auch ein kleines Angstfresserchen auf einem kleinen Blatt Papier. Hier ist ein ganz großes Blatt Papier. Bitte male mir ein ganz großes Angstfresserchen, das auch gegen die große Angst hilft. Es muss ganz grün sein und braucht spitze, schwarze Zähne …«

Hinweis

Manche Kinder können das Angstfresserchen nicht malen. Dann reichen auch die Anweisungen, nach denen die frühpädagogische Fachkraft es gestalten kann. Wo das Angstfresserchen aufgehängt werden soll oder ob es die Kinder anderswo bei sich führen oder platzieren, entscheiden die Kinder. Wichtig ist, dass das Angstfresserchen einen guten Platz bekommt. Dann kann es fressen.

Kraftsteine

Damit Kinder ihre Kraft (wieder) spüren können, können Symbole helfen. Symbole stehen für etwas, für eine Kraft, für das Glück, für die Sehnsucht, die Liebe … Am wirksamsten sind Symbole, die die Kinder aktiv schaffen, also selbst gestalten.

Ablauf

Sie sammeln zahlreiche Steine – kleine und große, helle und dunkle, glatte und krumme, Steine aller Art. Diese Steine legen Sie auf den Boden und bitten jedes Kind, sich einen Stein auszusuchen, der ihm besonders gefällt. Dieser erste Schritt ist schon bedeutsam. Durch die Wahl macht das Kind den Stein zu seinem Stein, verleiht ihm Bedeutung und Gewichtigkeit.

Dann werden die ausgewählten Steine gewaschen und getrocknet. Anschließend erklären Sie: »Wir machen nun euren Stein zu einem Wunderstein, der euch Kraft gibt. Dazu müsst ihr euren Stein bemalen.« Als Mal-Material können flüssige Farben, Farbstifte oder Filzstifte gewählt werden. Probieren Sie aus, was zu welcher Art von Stein passt.

Dann muss die Farbe getrocknet werden. Und nun das Wichtigste: Jedes Kind soll dem Kraft-Stein einen guten und einen passenden Platz geben. Vielleicht im Fach des Kindes, vielleicht in der Tasche …

Beispiel aus der Praxis

Tanja ist von einem Hund gebissen worden. Um die Verletzung am Arm hat man sich gekümmert, die Verletzung in der Seele wirkt weiter nach.
Tanja wählt einen runden, schneeweißen Stein aus. Sie bemalt ihn mit einem roten Kreuz und gelben Punkten. Sie sagt: »Vor dem Kreuz haben Hunde Angst.« Sie trägt den Stein lange bei sich.

Hinweis

Statt eines Kraft-Steins können Sie auch einen Stein wählen und bemalen lassen, der als Wunsch- oder Glücks-Stein wirkt. Wenn Kinder noch nicht malen können, können Sie den Stein nach deren Anweisungen bemalen.

Frottagen als Wiederaneignung der Welt

Frottagen entstehen dadurch, dass Papier auf eine Fläche oder ein Objekt gelegt wird und die Konturen oder Hervorhebungen durch Übermalen mit einem Stift »abgerieben« werden. Kinder kennen das. Fast jedes Kind hat schon einmal Papier auf eine Münze gelegt und mit einem Bleistift darübergerubbelt, sodass die Münz-Oberfläche als Abreibung auf dem Papier entstand. Diese Fläche wurde ausgeschnitten – und schon hatte man Spielgeld.

Diese Technik ist schon lange bekannt. Im alten China gibt es seit Jahrhunderten das Verfahren, feuchtes Seidenpapier auf Steinreliefs zu legen und so anzupressen, dass sich die Konturen der Reliefs durchdrücken. Diese werden dann mit Tusche bemalt – eine der frühesten Reproduktionstechniken. Am bekanntesten wurde die Frottage in der Kunstgeschichte durch Max Ernst. Er wurde fast verrückt, als er im Kriegsgefangenen-Lager nicht malen konnte. Er behalf sich, indem er mit Papier und Bleistift Kunstwerke aus Abreibungen schuf.

Ablauf

Sie nehmen mehrere Münzen, legen Papier darauf und reiben die Konturen mit einem weichen Bleistift ab. Wenn die Kinder das selbst auch probiert haben, werden sie aufgefordert:

»Nehmt ein Blatt DIN-A4-Papier. Legt euer Blatt auf irgendeine Fläche hier im Raum und bewegt den Bleistift so über das Papier, dass sich möglichst viel vom Untergrund durchdrückt und sichtbar wird. Bei manchen Flächen gelingt es, bei anderen nicht. Probiert aus! Geht auch hinaus, in den Flur, nach draußen und probiert, wovon ihr Frottagen herstellen könnt und wovon nicht. Ihr könnt alles auf ein Blatt abreiben oder mehrere Blätter benutzen.«

Hinweis

Statt eines Bleistiftes können auch farbige Stifte verwendet werden. Wichtig ist, dass die Stifte, die verwendet werden, möglichst weich und die Blätter aus normalem, ca. 80 bis 90 Gramm leichtem Papier sind. Bei festerem Karton würde nichts durchdrücken.

Entscheidend in dieser Tätigkeit ist der Prozess. Ich habe mit traumatisierten Menschen gute Erfahrungen mit der Frottage-Technik gemacht, auch mit traumatisierten Flüchtlingen jeden Alters. Gründe dafür sind:

- Viele der Beteiligten »vergessen« alles beim Abreiben, machen weiter und weiter, vergessen die Zeit und entspannen.
- Traumata führen zum Rückzug aus der Welt. Diese Arbeit ermöglicht Kontakt mit der Welt, neuen Kontakt in einem immer größer werdenden Radius.
- Der Kontakt ist nicht unmittelbar, immer ist etwas Papier dazwischen, zwischen den Objekten und der Person. Das schützt.
- Diese Arbeit fokussiert neu und defokussiert folglich von dem, was traumatisierte und psychisch Erkrankte sonst beschäftigt oder worauf sie ihre Wahrnehmung primär richten.
- Es gibt kein Richtig und kein Falsch.
- Es macht Kindern Spaß.

Namensstern

Wenn Menschen sich zum ersten Mal begegnen, stellen Sie sich mit ihrem Namen vor. Namen sind nicht Schall und Rauch – sie sind Teil unserer Identität. Wir verbinden mit unserem Namen ein Selbstbild, andere Menschen identifizieren uns über unsere Namen. Sich mit dem eigenen Namen zu beschäftigen, fördert Selbstbewusstsein und Selbstwert, trägt zur Ich-Stärkung bei.

Ablauf

Jedes Kind bekommt ein großes Blatt Papier und Farbstifte. Es zeichnet auf das Blatt einen großen Stern mit mehreren Zacken, vier, fünf, zehn – wie es will. Vielleicht braucht das Kind Hilfe dabei. Es kann auch sinnvoll sein, vorher eine Schablone anzufertigen und bereitzustellen.

Dann schreibt das Kind in die Mitte des Sterns den eigenen Namen, wenn es das kann. Sonst schreibt die frühpädagogische Fachkraft den Namen des Kindes in das Zentrum des Sterns. Für den weiteren Ablauf gibt es zwei Möglichkeiten.

Möglichkeit 1: Der »Ich-kann-was-Stern«

Sie bitten das Kind, in jeden Strahl des Sterns etwas zu malen, was es besonders gut kann. Fragen Sie das Kind, suchen Sie gemeinsam mit dem Kind danach. Nehmen Sie auch scheinbar Selbstverständliches ernst:

Beispiel aus der Praxis

Sarah zögert. Sie ist unsicher, was sie gut kann. Die Erzieherin macht Vorschläge: »Ich meine, dass du schön lachen kannst.« Sarah lacht und malt in eine Sternzacke einen lachenden Mund. Dann fällt ihr ein, dass sie ein bestimmtes Lied singen kann. Und gerne mit einem Spiel spielt und damit oft gewinnt und …

Wie das, was das Kind auswählt, in den Stern gemalt wird, sollte das Kind bestimmen. Es kann dabei jede Unterstützung erhalten, die es wünscht.

Möglichkeit 2: Der »Wünsche-Stern«

Auch hier ist der Mittelpunkt der eigene Name. Jeder Zacken des Namenssterns oder jeder Strahl steht für einen Wunsch. Manchen Kindern fallen sofort viele Wünsche ein, andere brauchen dafür ein Gespräch oder Nachfragen.

Hinweis

Den Namen zu präsentieren, bedeutet, sich zu repräsentieren. »Ich heiße« ist immer auch »Ich bin«. Insbesondere bei traumatisierten Kindern ist die Identität gestört oder beschädigt. Die Beschäftigung mit dem Namensstern fördert die Identitätsentwicklung des Kindes.

Wirksamkeitstraining

Wer eine traumatische Erfahrung erleben musste, hat sich, wie schon erwähnt, unwirksam gefühlt. Sein »Nein« galt nicht. Er wurde als Objekt behandelt und nicht als Mensch. Sein Wille wurde gebrochen. Deswegen sind alle Übungen und Erfahrungen für traumatisierte Kinder von besonderer Wichtigkeit, die ihre Wirksamkeitsgefühle stärken. Ein positives Wirksamkeitsgefühl kann sich dann entwickeln, wenn Kinder die Erfahrung machen, dass ihr Sprechen und Handeln etwas bewirkt, Einfluss auf andere Menschen hat. Dafür folgen nun Anregungen.

Schlittenfahrt mit Decken

In diesem Spiel geht es besonders darum, dass die Kinder gehört werden und ihre Anweisungen unmittelbare Wirkung zeigen.

Ablauf

Das Spiel kann nur auf einem Boden durchgeführt werden, auf dem man gut rutschen kann, also auf Holz, Laminat oder einem ähnlichen Belag. Eine Decke wird auf dem Boden ausgebreitet. Ein Kind darf sich auf diese Decke setzen, möglichst an eine Seite, und sich an den Rändern der Decke gut festhalten. Das andere Ende der Decke wird von einer frühpädagogischen Fachkraft in die Hand genommen. Die Decke ist der Schlitten. Die Fachkraft, die zieht, ist das Rentier. Das Kind steuert den Schlitten.

Das Kind auf dem Schlitten gibt Anweisungen: »Rechts!«, »Links!«, »Geradeaus!« oder »Stopp!« bzw. »Halt!«. Wenn Kinder noch nicht über diese Wörter verfügen oder sie verwechseln, dürfen die Kinder nur »A« oder »O« rufen, und das laut oder leise, schrill oder sanft, wie auch immer ihre Befehle und Anordnungen klingen. Das Rentier, die frühpädagogische Fachkraft, hört auf die Anweisungen des Kindes und zieht den Schlitten durch den Raum. Die anderen Kinder stehen dabei und feuern das Rentier oder das Kind auf dem Schlitten an.

Beispiel aus der Praxis

Fredo ist oft unsicher. Er zieht sich dann zurück und wirkt hilflos. Manchmal bekommt er auch Angst. Er wirkt in solchen Momenten wie gelähmt und erstarrt. Was hilft: er erinnert sich an die Schlittenfahrt, geht zu seinem Lieblingserzieher und zupft ihn an der Hose. Der versteht das als Bitte, mit ihm Schlitten zu fahren, und legt los.

Hinweis

Wenn die Kraft reicht, ist es wunderbar, wenn jedes Kind einmal auf den Schlitten darf. Sie können auch ansagen, dass an jedem Tag drei Kinder Schlitten fahren dürfen.

Eine Variante kann darin bestehen, dass zum Beispiel in einer Turnhalle ein Kasten verkehrt herum auf eine Decke gelegt und gezogen wird. Die Schlittenfahrt darf nicht zu schnell sein, egal wie sehr die Kinder dies wollen. Es reicht, wenn die Schlitten sich langsam bewegen. Es geht nicht um die Geschwindigkeit, sondern um die Wirksamkeit. Je schneller ein Schlitten fährt, desto größer ist die Gefahr, dass ein Kind loslässt und umfällt. Mit ein wenig Achtsamkeit kann diese Gefahr ausgeschlossen werden.

Stopp-Übung

Die frühpädagogische Fachkraft führt mit den Kindern eine Übung durch, die sie unterstützen soll, mehr »Nein!« oder »Stopp!« sagen zu können. Jedes Kind sollte diese Fähigkeit erlernen und üben. Traumatisierte Kinder brauchen dies in besonderem Maße, denn ihr »Nein« wurde nicht gehört, nicht ernst genommen. Wenn Kinder die Erfahrung machen, dass ihr »Nein« belanglos war, dann verneinen sie künftig alles oder trauen sich nicht mehr, überhaupt »Nein« zu sagen. Insbesondere für letztere ist diese Übung wertvoll.

Ablauf

Immer zwei möglichst gleichaltrige Kinder bilden ein Paar. Der eine Partner stellt sich auf die eine Seite des Raumes, der andere auf die andere. Die Kinder, die links stehen, sind Autos. Die, die sich rechts befinden, sind eine Ampel. Die Ampel kann grün zeigen. Dann dürfen die Autos vorbeifahren. Die Ampel kann aber auch rot zeigen. Dann müssen die Autos bremsen und warten.

Die »Ampel-Kinder« werden gebeten, ein ganz klares Zeichen mit ihrem Körper, mit den Armen oder mit den Händen zu machen, um »Los!«, also Grün, oder »Stopp!«, also Rot, darzustellen. Passend zu Mimik und Gestik sollen die Kinder gleichzeitig sprechen. Also deutlich »Stopp!«, wenn die Ampel rot ist, oder »Los!«, wenn das Auto fahren darf.

Beispiel aus der Praxis

Stefan hatte nach einer traumatischen Erfahrung verlernt, Nein zu sagen. Er konnte Forderungen oder Wünsche anderer Kinder und auch Erwachsener nicht abschlagen. Wenn sich ein anderes Kind ihm näherte, merkte man, dass ihm das unangenehm war, sobald es sich näher als einen halben Meter Abstand zu seinen Körpergrenzen befand. Doch auch da war er nicht in der Lage, wegzugehen, um damit die Entfernung zu vergrößern oder dem anderen Kind gegenüber irgendwie zu äußern, dass er diese Nähe nicht wollte.
Stefan beteiligte sich lebhaft an dem Spiel, bis sein Gefühl der Unwirksamkeit reduziert wurde. Hier wurde es erweitert. Er konnte immer mehr und immer deutlicher »Nein!« und »Stopp!« sagen. Nun lernte er es allmählich.

Hinweis

Es gibt oft am Anfang ein bisschen Durcheinander und die Regeln müssen noch einmal erklärt werden. Doch dann funktioniert es. Die Kinder, die die Ampel spielen, üben meist immer lauter und immer deutlicher, »Stopp!« oder »Los!« zu sagen und entsprechende Handzeichen zu vermitteln. Nach einer Weile werden die Rollen gewechselt.

Eine Variante kann sein: Ein einzelnes Kind ist die Ampel und alle anderen sind die Autos. Eine weitere Variante: Man stellt in der Turnhalle eine einfache Verkehrssituation nach. Es gibt Straßen, Ampeln und Fahrzeuge, die von Kindern gespielt werden.

Anstups-Pingpong

Auch dieses Spiel verschafft Erfahrungen der Wirksamkeit und wird von Kindern gerne gespielt. Die ganz Kleinen brauchen dazu einen erwachsenen Partner. Bei etwas größeren Vorschulkindern gelingt dies auch untereinander.

Ablauf

Die erste Variante geht folgendermaßen: Ein Kind ist die »Stups-Königin« oder der »Stups-König«, das andere Kind ist ein Musikinstrument, das ganz viele unterschiedliche Töne machen kann. Das erste Kind stupst mit einem Finger zum Beispiel auf die Schulter des anderen Kindes, ganz leicht und vorsichtig. Das »Musik-Kind« gibt daraufhin einen Ton von sich. Dann stupst das »Stups-Kind« auf eine andere Körperstelle. Auch hier gibt es einen Ton – diesmal einen anderen. So wird das erste Kind das zweite Kind wie ein Musikinstrument »bespielen« können. Danach wird gewechselt, sodass beide tönen und klingen und auch eigene Wirksamkeitserfahrungen machen können.

In der zweiten Variante ist das eine Kind eine »Puste-Königin« oder ein »Puste-König« und das andere Kind ein Zappelphilipp. Hier pustet das erste Kind zum Beispiel auf den rechten Arm des zweiten Kindes und dieses Kind zappelt dann mit dem Arm in Bewegungen, die es gerade möchte. Wenn das erste Kind auf das Knie pustet, bewegt sich das Knie, wenn es auf den Kopf pustet, bewegt sich der Kopf oder die Zunge oder der Körperbereich, bei dem das Pusten gemerkt wird. Dann wird gewechselt. Auch hier haben Kinder in beiden Rollen die Möglichkeit, Wirksamkeitserfahrungen zu machen.

Beispiel aus der Praxis

Die kleine Eva hatte wahrscheinlich sexuelle Gewalt erfahren. Alles deutete darauf hin. Sie war verstört und zog sich zurück. Eine Erzieherin spielte mit ihr »Anstups-Pingpong«. Das ging am Anfang nur, wenn Eva die Erzieherin mit ihrem Finger berührte. Am Knie, am Arm, an der Nase ... Die Erzieherin gab dann einen Ton von sich und zog eine Grimasse oder machte eine zappelige Bewegung. Eva blieb ernst, kam aber immer wieder und stupste die Erzieherin an. Nach zwei Wochen lachte Eva ...

Hinweis

Es kann die Regel eingeführt werden: Wenn das Stupsen zu stark und zu heftig wird, dann kommt kein Ton, dann entsteht keine Bewegung. Nur ein zartes Stupsen ist erlaubt.

Verkehrsschilder

Die Straßen sind voller Verkehrsschilder. Es gibt Stoppschilder und andere Verbotsschilder, es gibt aber auch sogenannte Gebotsschilder, durch die Leute aufgefordert werden, zum Beispiel über die Straße zu gehen oder zu parken.

Ablauf

Als Hinführung können sich die pädagogischen Fachkräfte mit den Kindern mit Verkehrsschildern beschäftigen, einige auf Bildern oder Karten anschauen und die Kinder fragen, welche sie kennen und welche nicht. Auch mithilfe einer Bilderbuchgeschichte lässt sich das Thema »Schilder und Regeln im Straßenverkehr« in der Kita-Gruppe gut einführen.

Nicht nur im Straßenverkehr sind Hinweisschilder hilfreich und wichtig. Man kann auch im Alltag Hinweisschilder für verschiedene Situationen benutzen. Auch im Alltag kann es sinnvoll sein, ein Verbotsschild zu verwenden. Die Kinder werden gefragt, wozu sie gerne »Nein« sagen möchten. Sie malen dann ein Nein- oder Stopp-Verkehrsschild ganz so, wie sie es wollen. Manche Kinder malen zum Beispiel:

- Nein zum Schreien
- Nein zum Aufwecken

- Nein zum Schubsen und Drängeln
- Nein zum Aufessen-Müssen
- Nein zu Spinat

Und dann gibt es die Gebotsschilder. Hier werden die Kinder gefragt, was sie sich wünschen. Die Wünsche werden gesammelt, ausgetauscht, von den pädagogischen Fachkräften aufgeschrieben. Manchmal werden die Wünsche sehr schnell geäußert, manchmal geht dies langsam und braucht etwas Anlauf und Ermutigung oder Anregung. Dann wird ein Wunschverkehrsschild gemalt. Meist haben diese Verkehrsschilder einen blauen Rahmen, ein Dreieck oder einen Kreis. Dort hinein wird das gemalt, was das jeweilige Kind sich wünscht.

Beispiel aus der Praxis

Janice malt ein riesengroßes Stoppschild. Sie geht damit zur Erzieherin und bittet sie, etwas hineinzuschreiben: »Anfassen verboten!«

Hinweis

Mit diesem kleinen Spiel werden Kinder darin unterstützt, Wünsche zu äußern, die bei vielen Kindern mit traumatischen Erfahrungen verloren gegangen sind. Gleichzeitig werden Kinder darin gestärkt, »Nein« zu sagen, ähnlich wie bei der Stopp-Übung. Das Spiel ist vor allem für Vorschulkinder geeignet.

Helfen

Die Wirksamkeitsübungen beziehen sich vor allem auf Begegnungen zwischen Menschen. Traumatisierte Kinder haben von anderen Menschen erfahren, dass sie wirkungslos sind. Deswegen ist jede zwischenmenschliche Wirksamkeitserfahrung sinnvoll und nützlich. Solche Wirksamkeitserfahrungen können wie in den beschriebenen Spielen vermittelt werden, doch auch ganz konkrete Tätigkeiten sind hilfreich und förderlich.

Ablauf

Werden Kindern von den frühpädagogischen Fachkräften konkrete Aufgaben übertragen, bemühen sie sich meist, diese zu erfüllen. Damit werden sie wirksam und können gelobt und in ihrem Verantwortungsgefühl bestärkt werden.

Solche Aufgaben können sehr unterschiedlich sein. Es geht nicht um etwas, das Sie besonders erfinden müssen, sondern um Tätigkeiten des Alltags.

Beispiel aus der Praxis

Helena war verschreckt und verschüchtert. Manchmal schlug sie um sich, haute ohne ersichtlichen Grund andere Kinder. Sie hatte wahrscheinlich auf der Flucht traumatische Erfahrungen machen müssen. Ihr half, dass sie in der Kitagruppe ganz konkrete Aufgaben bekam. Sie durfte in der Küche helfen. Sie durfte den Tisch mit auf- und abdecken. Und sie wurde zur Wächterin der Farbstifte ernannt. In relativ kurzer Zeit wurde sie merklich selbstbewusster und ihre aggressiven Ausbrüche seltener.

Hinweis

Welche Aufgaben sich dafür eignen, probieren Sie aus, je nach Alter und Fähigkeiten des Kindes und den Gegebenheiten Ihrer Einrichtung.

Dirigieren

Eine Dirigentin bzw. ein Dirigent gibt dem Orchester vor, welche Musik wie gespielt wird. Sie sind wirksam.

Ablauf

Diese Erfahrung ermöglichen wir Kindern, indem sie eingeladen werden, Dirigent/in zu spielen. Dazu braucht es ein Orchester. Die gesamte Gruppe oder ein Teil von ihnen wird zu Musizierenden erklärt. Die Musizierenden können auf einem Instrument spielen oder als Chor singen. Es kann ein bestimmtes Lied gesungen werden oder es wird frei musiziert. Ein Kind wird zur Dirigentin oder zum Dirigenten erklärt und erhält einen Taktstock, ein kleines Stöckchen, mit dem dirigiert werden kann. Das Kind darf sich vor die Gruppe der Musizierenden stellen und bei »Los!« geht es los. Das Kind dirigiert. Die Gruppe wird aufgefordert, den Anweisungen des dirigierenden Kindes zu folgen. Mal wird laut gespielt oder leise, mal höher, mal tiefer. Wenn das dirigierende Kind den Taktstock hochhebt, wird es lauter, wenn es ihn senkt, wird es leiser, wenn es auf bestimmte einzelne Musizierende zeigt, müssen diese besonders hervorstechend singen oder spielen … Das dirigierende Kind gibt vor und die anderen folgen.

Dieses Spiel macht Kindern in der Regel sehr viel Spaß. Sie sind eifrig dabei, egal ob sie Dirigierende oder Musizierende sind. Auf ein Zeichen der frühpädagogischen Fachkraft gibt das dirigierende Kind den Taktstock an ein anderes Kind weiter und kehrt in den Kreis der Musizierenden zurück. Die oder der neue Dirigierende tritt nun mit dem Taktstock nach vorn und übernimmt das Dirigieren. So können viele Kinder – möglichst alle – in den Genuss des Dirigierens kommen.

Beispiel aus der Praxis

Olaf war oft aggressiv. Immer wollte er »bestimmen«. Beim Dirigieren durfte er es. Er dirigierte mit Leidenschaft und strahlte. Er wurde zu Hause oft geschlagen. Hier durfte er auf andere Weise wirksam sein, anders, als er es kannte.

Hinweis

Oft sind traumatisierte Kinder anfangs sehr schüchtern im Dirigieren. Doch unsere Erfahrungen zeigen, dass sie dabei Mut fassen und Vertrauen in ihre Wirksamkeit gewinnen können.

»Star Wars«, Drache und die Zauber-Marienkäfer

Wenn Kinder sich mit bestimmten Rollen identifizieren, macht ihnen das Spaß. Sie können über die Freude hinaus in vielen Rollen Erfahrungen der Wirksamkeit machen.

Ablauf

Suchen Sie mit dem Kind und für jedes einzelne eine Lieblingsrolle aus. Für diese Rolle bekommt das Kind einen Satz oder einen Laut, einen Gegenstand in die Hand oder ein Kleidungsstück und eine Haltung oder Bewegung, die zu der Rolle passt. Dann wird gespielt. Jedes Kind darf sich einmal in seiner Rolle präsentieren, zum Beispiel auf eine Bühne gehen.

Beispiel aus der Praxis

Rene ist ein Jedi-Ritter. Er hat einen entsprechenden Umhang an, aber keine Waffen. Die braucht er nicht. Er geht umher, zeigt auf andere und sagt: »Möge die Macht mit dir sein!« Dabei strahlt er.

Kinder lieben Drachen. Ein Spiel-Vorschlag kann sein: »Ihr seid alle kleine grüne Drachen. Die kleinen grünen Drachen werden beschützt von den großen grünen Drachen, aber die sind gerade nicht da. Ein kleiner grüner Drache spielt am Rande des Waldes. Da hört er einen großen Tiger brüllen. Er hat Angst vor ihm und rennt schnell zu den anderen grünen Drachen. Die tun sich alle zusammen und gehen nebeneinander zum Waldrand (– so wie ihr jetzt auch). Dort angekommen, zählt der kleine grüne Drache bis drei (– so wie eine/r von euch auch). Dann brüllen alle ganz laut: >Hau ab!< Der große Tiger bekommt einen Schreck und haut ab. Die kleinen grünen Drachen freuen sich und jubeln (– so wie ihr auch).«

Hinweise

Rollenspiele aus »Star Wars« sind sehr beliebt, übrigens auch für Mädchen, die gerne die mutige und kämpfende Prinzessinnenrolle einnehmen. Leia ist eine Prinzessin, die nicht nur lieb und nett ist, sondern auch kämpft und Macht ausübt.

Für Kleinere bieten sich noch zahlreiche andere Bilder und Szenen an. Ina wurde zum Beispiel der Zauber-Marienkäfer. Der Zauber-Marienkäfer fliegt hier-

und dorthin und jedes Mal hinterlässt er einen Zauber, eine kleine Veränderung. Bei der frühpädagogischen Fachkraft bewirkt er zum Beispiel ein Lachen. Bei anderen Kindern gibt der Zauber-Käfer vor, welche Veränderungen entstehen sollen. Die Kinder spielen zumeist gerne mit. Auch dies ist für sehr kleine Kinder eine Möglichkeit, Wirksamkeitserfahrungen zu sammeln.

Gruppenprojekte

Gruppenprojekte bieten den Kindern gemeinsame Erfahrungen an. Sie fördern die Integration aller Kinder und stärken Zusammenhalt und Gemeinschaftsgefühl. Das ist besonders für traumatisierte Kinder wichtig, die sich aufgrund ihrer besonderen Erfahrung meist aus dem Kontakt mit anderen zurückziehen oder ihre Ängste durch großspuriges Auftrumpfen zu überspielen versuchen.

Fähnlein, Fähnlein …

Fahnen haben eine hohe symbolische Bedeutung. Sie stehen für etwas: für eine Gemeinschaft, für eine Nation, für ein Volk. Aber auch für einen Verein und sogar für eine Person. Es bietet sich folglich an, die Gestaltung einer eigenen Fahne mit den Kindern anzugehen, einzeln oder in der Gruppe. Über einen längeren Zeitraum von mehreren Tagen oder ein bis zwei Wochen kann in einer Kitagruppe ein Fahnenprojekt durchgeführt werden, das insbesondere traumatisierten Kindern die Möglichkeit bietet, ihr eigenes Ich zu stärken und sich gleichzeitig zunehmend in die Gruppe zu integrieren.

Das Material, aus dem Fahnen hergestellt werden, kann vielfältig sein. Es bieten sich verschiedenfarbige Papiere an, die mit Stiften oder anderen Farben bemalt werden können und dann an einem Faden aufgehängt werden. Besonders geeignet sind Stoffe, die bemalt, beklebt, bestickt, betackert oder sonst wie gestaltet werden können.

Im Folgenden stelle ich drei Varianten für ein Fähnlein-Projekt vor. Die Varianten können miteinander kombiniert werden.

Variante 1: »Ich-Fahnen«

Jedes Kind erhält ein Stück Papier oder ein Stück Stoff und Malmaterialien. Es wird angeregt, seine eigene Fahne zu gestalten, seine »Ich-Fahne«. Wenn ein Kind Stefan heißt, dann wird daraus z.B. eine »Stefan-Fahne«. Es ist hilfreich, wenn die frühpädagogischen Fachkräfte ebenfalls ihre eigene Fahne anfertigen.

Die Kinder können jeweils ihren Namen auf die Fahne schreiben, wenn sie dazu in der Lage sind, oder einen Anfangsbuchstaben, auch ein Symbol oder eine ganz freie Gestaltung ist möglich. Wichtig ist, dass die Kinder bestärkende Rückmeldungen dafür erhalten, dass sie ihre eigene persönliche Fahne individuell gestalten.

Ist dieser Prozess abgeschlossen und sind die Farben getrocknet, dann werden alle Fahnen auf eine Schnur geklebt oder mit Wäscheklammern an einem starken Faden befestigt und quer durch den Gruppenraum gespannt. Es entsteht ein Gruppenprojekt, innerhalb dessen jedes einzelne Kind mit der individuellen Fahne sichtbar ist.

Variante 2: »Wunsch-Fahnen«

Die frühpädagogische Fachkraft erzählt die Geschichte, dass es im Himalaja, in dem höchsten Gebirge der Welt, die Tradition gibt, dass Menschen ihre Wünsche auf Fahnen malen und diese dann an Bäume hängen. Sie glauben, dass dann die Wünsche in Erfüllung gehen. Anschließend schlagen Sie dann vor, dass die Kinder »Wunsch-Fahnen« gestalten. Jedes Kind erhält wieder Materialien aus Papier oder Stoff sowie angemessene Malmöglichkeiten. Dann braucht es zwei Schritte:

Zunächst sollte eine Kreisrunde, ähnlich dem Morgenkreis, durchgeführt werden, in der jedes Kind einen Wunsch sagt, den es auf einer Fahne gestalten möchte. Es besteht auch die Möglichkeit, dass ein Kind einen heimlichen Wunsch hat, den niemand anderes wissen soll. Dann braucht es nur zu sagen: »Ich habe einen heimlichen Wunsch. Den werde ich auf die Fahne bringen.«

Im zweiten Schritt gestalten dann die Kinder ihre »Wunsch-Fahnen«. Dabei bedarf es individueller Hilfen, in welcher Weise der Wunsch auf den Fahnenuntergrund gebracht werden soll. Ermutigen Sie die Kinder dazu, dass ein Symbol reicht, ein Strich, ein Klecks, eine Farbe. Sie müssen keine konkreten Symbole malen oder sonst irgendwie gestalten, sie dürfen es aber. Das Entscheidende ist nicht die Schönheit des Produktes, sondern dass Kinder sich mit ihren Wünschen beschäftigen und diesem Wunsch einen Ausdruck verleihen. Insbesondere für traumatisierte Kinder kann dies ein schwieriger Prozess sein, der individuelle Unterstützung erfordert.

Anschließend werden die »Wunsch-Fahnen« aufgehängt, möglichst im Freien an einem Baum oder Busch. Wenn sich die Fahnen durch die Witterung auflösen oder verschwinden, dann sollte den Kindern erklärt werden, dass dies gut dafür ist, dass die Wünsche in Erfüllung gehen. Auch im Himalaja werden die Wünsche dem Wind ausgesetzt.

Nach einem Tag im Freien können Sie die »Wunsch-Fahnen« auch in den Räumen der Kita an einer Wand befestigen, im Eingangsbereich oder wo auch immer.

Variante 3: »Die Gruppenfahne«

Hier wird eine gemeinsame Fahne für die gesamte Gruppe gestaltet, möglichst auf Stoff und so, dass jedes Kind Anteil daran hat. Jedes Kind sollte in der Lage sein und dazu angehalten werden, einen bestimmten Teil der Gruppenfahne zu gestalten. Dies kann darüber erfolgen, dass jedes Kind ein kleines Stück Stoff bemalt.

Die Stoffe werden dann zur Gruppenfahne zusammengenäht oder getackert. Es entsteht ein Patchwork-Gebilde, das feierlich aufgehängt werden sollte.

Fingerabdruckbilder

Viele geflüchtete Menschen haben negative Erfahrungen damit gemacht, dass von ihnen Fingerabdrücke genommen wurden. Ein solches Geschehen ist für sie oft mit Kontrolle und Erniedrigung verbunden. Kinder, auch kleine Kinder, bekommen dies mit. Ich habe erlebt, dass auch bei Vorschulkindern malen mit Fingerabdrücken oft mit Hemmungen oder Ängsten verbunden ist. Deswegen soll es den Kindern im folgenden Projekt ermöglicht werden, lustvoll und spielerisch mit Fingerabdrücken in der Gruppe malen und gestalten zu können.

Auf Plastik- oder Papierpaletten werden den Kindern Gouache- oder andere in der Kita übliche Flüssigfarben zur Verfügung gestellt. In Gruppen von fünf bis acht Kindern stellen sich die Kinder um einen großen Tisch oder eine Bodenplatte. Sie dürfen jeweils mit einem Finger in die Farbe und dann einen Fingerabdruck oder viele Fingerabdrücke auf dem gemeinsamen Blatt Papier produzieren. Die Kinder dürfen den Platz und die Farben wechseln, sodass sie ihre Fingerabdrücke variantenreich an dieser oder jener Stelle auf dem großen Papier einbringen.

Diese Aktion macht Freude und fördert die Zusammenarbeit. Nach einer Weile, wenn das Papier maximal zu einem Drittel voll ist, wird der Gestaltungsprozess unterbrochen. Die Kinder und die frühpädagogischen Fachkräfte schauen sich an, was auf dem Papier entstanden ist. Manchmal kommen Anmerkungen wie: »Das ist ein Pferd ... Da ist eine Straße ... Das sind Autoreifen ... Das sind kleine Marsmännchen ...« Nun dürfen die Kinder weiter mit ihren Fingern malen. Entweder machen sie so weiter wie bisher und produzieren einfache Punkte. Das wird meist bei den Kleineren der Fall sein. Oder sie versuchen nun, aus dem, was sich auf dem Papier befindet, Objekte, Gestalten, Szenarien zu schaffen, indem sie Punkte miteinander verbinden.

Die entstandenen Fingerabdruckbilder werden anschließend aufgehängt und ausgestellt.

Super-Willi

Diese Gruppenaktivität ist besonders für frühpädagogische Fachkräfte geeignet, die gerne »herumspinnen« und fantasievolle Geschichten entwickeln. Nehmen wir ein Beispiel:

Beispiel aus der Praxis

Willi ist vier Jahre alt, schüchtern und vermutlich traumatisiert. Die Leiterin der Gruppe führt ein neues Ritual ein. Die Kinder setzen sich in den Kreis. Ein Kind wird ausgewählt, diesmal Willi. Die Runde wird die »Super-Runde« genannt. Die Erzieherin sagt: »Ich erzähle euch heute nun die Geschichte von Super-Willi. Super-Willi ist ein kleiner Junge. Er geht mit seiner Mutter durch den Park spazieren. Da sieht er, dass der Sturm der letzten Nacht so stark war, dass ein Baum umgestürzt ist. In dem Gestrüpp des Baumes hat sich ein kleiner Hund verfangen, der sich nicht allein befreien kann. Die Mutter möchte den Hund befreien. Doch der Baum ist so schwer, dass die Mutter ihn nicht wegschieben oder aufheben kann. Sie telefoniert mit ihrem Handy und ruft die Feuerwehr, damit sie dem Hund zu Hilfe kommt. Doch der kleine Hund jault so jämmerlich, dass Super-Willi sein Zauberpuder nimmt und es sich über den Kopf streut. Das Zauberpuder verhilft Super-Willi zu magischen Kräften. Super-Willi ist jetzt so stark, dass er hingeht und den Baum so weit hochhebt, dass sich der kleine Hund befreien kann. Der kleine Hund freut sich und bedankt sich bei Super-Willi. Seine Mutter hat nicht hingeschaut, weil sie telefoniert hat. Als sie merkt, dass der Hund befreit ist, fragt sie Willi: ›Na, wie ist das denn passiert?‹ Willi sagt: ›Ich weiß es nicht.‹ Der Hund kläfft vor Freude und springt um Willi und die Mutter.«

Die frühpädagogische Fachkraft macht nun eine Pause und beobachtet, dass alle Kinder gespannt zuhören. Willi ganz besonders. Nun fragt sie die anderen Kinder, was Super-Willi denn noch so kann, welche Abenteuer er erleben und bestehen könnte. Vielleicht erzählt sie nun eine zweite Geschichte oder sie fragt die anderen Kinder, was sie für magische Kräfte hätten, wenn sie mit Zauberstaub bestäubt würden. Sie hört genau zu und wird am nächsten Tag in der nächsten »Super-Runde« wieder ein Kind auswählen und dessen Namen mit einem »Super« verbinden und aus den Vorschlägen der Kinder eine Geschichte erzählen. Jeden Tag ein anderes Kind, eine andere Kraft, eine andere Geschichte.

Wenn die Kinder jeweils einmal »Super-XY« sein können und über ihre Superkräfte erzählt wird, stärkt sie das. Und der Gruppenzusammenhalt festigt sich.

Selbstfürsorge – sieben Hinweise

Wenn Sie mit Kindern zu tun haben, die traumatische Ereignisse erleben mussten, dann müssen Sie davon ausgehen, dass deren Hilflosigkeit und Schrecken zumindest teilweise auf Sie überspringt. Sie fühlen im buchstäblichen Sinne mit. Für diese Kinder zu sorgen, braucht deshalb auch Selbstfürsorge, dass Sie sich also um sich selbst kümmern. Keinem Kind ist damit geholfen, wenn Sie sich überlasten oder wenn Sie die Gefühle, die aus der Begleitung traumatisierter Kinder entstehen, an andere Kinder weitergeben, eigene oder die, die Sie betreuen. Ich möchte Ihnen deshalb zum Ausgang des Buches sieben Hinweise geben, die Ihnen im Sinne der Selbstfürsorge helfen können. Sie können einige daraus wählen, um mit den Folgen, die aus der Begleitung traumatisierter Kinder entstehen, gut umzugehen, sodass weder Sie noch die Menschen um Sie herum Schaden erleiden.

Diese sieben Hinweise für die Selbstfürsorge erheben keinen Anspruch auf Vollständigkeit und nicht jeder Hinweis wird für alle Leser/innen in gleicher Weise umgesetzt werden können. Doch sie sind von Gewicht. Nehmen Sie sie ernst. Wählen Sie einen der Hinweise aus und beginnen Sie, für sich selbst zu sorgen.

Erstens: Sie können es nicht allein!

Wer anderen Menschen helfen möchte, tendiert dazu, sich zu überfordern. Sie werden zu den Menschen gehören, die das Leid anderer verringern wollen. Deswegen beschäftigen Sie sich mit diesem Thema. Es ist gut, dass Sie sich engagieren und dabei sicherlich sich und andere fordern UND Sie brauchen Unterstützung, um sich nicht zu überfordern. Die entscheidende Hilfe besteht darin, dass Sie bei der Hilfe für traumatisierte Kinder nicht allein bleiben. Sie brauchen ein Team, mit dem Sie sprechen können. Sie sollten andere Kolleg/innen fragen können und sich auch einmal beklagen und stöhnen können, Ihre Unsicherheiten teilen und Ihre Einsichten festigen. Und Sie brauchen Vorgesetzte, die Ihnen Rückendeckung geben und die Sie bei den Schritten unterstützen, die angegangen werden müssen.

Unterstützend ist, dass Sie auch die Verantwortung teilen. Selbst wenn Sie als Gruppenleiter/in oder in einer anderen Funktion für das Kind zuständig sind, ist es notwendig, dass Sie nicht allein die Verantwortung tragen, sondern dass die Verantwortung auf mehrere Schultern verteilt wird.

Wenn es um den Verdacht von traumatischen Erfahrungen geht, dann obliegt das der Vertraulichkeit. Es darf nicht außerhalb des Teams darüber geredet werden. Das ist selbstverständlich und eine notwendige Regel, um dem

Kind und seiner Familie nicht zu schaden. Doch Sie brauchen eine Person, mit der Sie sich über das Thema austauschen können. Sie brauchen einen Menschen, ob er verwandt ist oder eine Freundin, ein Freund, bei dem Sie sich entlasten können – selbstverständlich unter dem Siegel der Vertraulichkeit und ohne Namen zu nennen.

Zweitens: Lassen Sie sich Zeit!

Ja, wenn ein Kind sexuelle oder andere Gewalt erfährt, ist sofortige oder möglichst schnelle Hilfe erforderlich. Manchmal, wenn die Situation krass und die Anzeichen offensichtlich sind, gelingt schnelles Helfen, können zum Beispiel kurzfristige Interventionen vonseiten des Jugendamtes organisiert werden. Doch dies ist die Ausnahmesituation. Meist braucht es Zeit, um Genaueres zu erfahren, um Informationen sicherzustellen und zu überprüfen, auch um das Vertrauen der Kinder zu gewinnen, damit sie erzählen oder anderweitig zeigen, was ihnen widerfahren ist. Also: Lassen Sie den Kindern Zeit! Und in diesem Zusammenhang: Lassen Sie sich Zeit! Sie brauchen Geduld. Wenn Sie sich unter Druck setzen, kommt bei den Kindern der Druck an. Das hilft weder Ihnen noch den Kindern. Deswegen ist es ein Gebot der Selbstfürsorge und der Druckminderung: Lassen Sie sich Zeit, auch wenn alles in Ihnen nach schnellen Entscheidungen und Hilfen schreit.

Drittens: Versuchen Sie, Ihre Erregungen zu dämpfen!

Sie haben gelesen, dass die Erfahrung traumatischer Gewalt die betroffenen Kinder hocherregt. Diese hohe Erregung der Kinder kann auf Sie überspringen. Das ist wahrscheinlich. Sie kann auch Erregungsschübe bei Ihnen bewirken oder verstärken. Das geschieht selbst dann, wenn die Kinder ihre Erregung nur innerlich leben und äußerlich sehr gedämpft und gebremst erscheinen. Sie müssen damit rechnen, dass die Beschäftigung mit traumatisierenden Erfahrungen bei Kindern aufregend ist. Was denn auch sonst! Bitte tun Sie alles, was Ihnen hilft, Ihre Erregung zu dämpfen oder sie auf eine Weise zu verringern, die Ihnen angemessen ist. Das brauchen die Kinder und das brauchen Sie.

Manchmal helfen Übungen oder andere Einheiten, die unmittelbar der Entspannung dienen: Übungen des Atmens, der sanften Bewegungen und andere Techniken. Vielleicht hilft es Ihnen, zu meditieren. Vielleicht brauchen Sie einen harmlosen Fernsehfilm. Vielen Menschen gelingt es allerdings nicht, auf Hocherregung unmittelbar Entspannung folgen zu lassen. Sie brauchen eine aktive Entspannung, manchmal sogar, dass sie sich austoben. Vielleicht gehören Sie eher zu denen, denen aktive Entspannung guttut. Sie gehen spazieren, Sie joggen, Sie tanzen, Sie hacken Holz oder waschen ab und putzen die Küche ... Sie selbst entscheiden, wie Sie Erregung reduzieren können. Dass Sie sich darum bemühen, darum bitte ich Sie.

Viertens: Achten Sie die eigenen Erfahrungen!

Wer sich mit Traumata beschäftigt, geht in Resonanz zu den betroffenen Kindern. In der Resonanz schwingen Sie mit den Kindern mit, Gefühle klingen an, in Ihnen entstehen Bilder. Auch Sie werden mitschwingen und damit werden sich Ihre eigenen Erfahrungen bemerkbar machen. Solche Erfahrungen müssen nicht traumatisch sein, können aber als Verletzungen und Belastungen lebendig werden, wenn Sie traumatische Erfahrungen machen mussten. Auch Gefühle, die Kinder als Trauma-Folgen spüren, können sich in Ihnen bemerkbar machen: der Zorn, die Ohnmacht, die Trauer, die Einsamkeit ...

Ich empfehle, dieses Anklingen eigener Erfahrungen nicht zu unterdrücken und nicht dagegen anzukämpfen. Lassen Sie es zu und teilen Sie es mit anderen Menschen. Vielleicht schreiben Sie davon einiges auf. In jedem Fall reden Sie mit anderen darüber, mit Menschen, denen Sie vertrauen. Ihre eigenen früheren Erfahrungen werden umso mächtiger, je mehr sie tabuisiert und unterdrückt werden. Sie verlieren ihre Macht und ihre Kraft, wenn Sie sie mit anderen Menschen teilen.

Fünftens: Hilflosigkeit!

Sie werden den Kindern, die Gewalt und andere Monster der Entwürdigung erfahren, nicht immer und nicht sofort helfen können. Das wird Ihnen wehtun und das mobilisiert eigene Erfahrungen von Hilflosigkeit. Dieses Gefühl mag niemand gerne. Wir wollen es gerne wegschieben, wegdrängen. Manche neigen dazu, sich bei Hilflosigkeitsgefühlen in Aktionismus zu stürzen. In jedem Fall ist dieses Gefühl aufwühlend und unangenehm. Wichtig ist, dass wir das Gefühl der Hilflosigkeit akzeptieren: »Ja, ich bin hilflos.«, »Ja, wir sind im Moment hilflos.« Das wollen wir nicht auf Dauer sein. Aber für einen Moment kann dies gelten. Es ist wichtig, dies zu akzeptieren, damit das Gefühl der Hilflosigkeit nicht übermächtig wird.

Genauso bedeutsam ist es, dass das Gefühl der Hilflosigkeit danach schreit, Hilfe zu holen. Das gilt für die Kinder, aber auch für Sie, die sie begleiten. Für Sie ist es wichtig, zu überlegen: »Wo kann ich mein Herz ausschütten?«, »Wer spendet mir Trost?«, »An wen kann ich mich anlehnen?« Das sind wichtige Fragen, denen Sie nachgehen sollten.

Sechstens: Nutzen Sie Schleusen!

Eine Schleuse ist der Übergang von einem Ort oder Zustand zum anderen. Wenn Sie das, was Sie in der Kita beschäftigt, nicht dort belassen können, sondern in Ihrem Herzen und Ihren Gedanken mit nach Hause bringen, dann ist das normal. Vielleicht können Sie in Ihrer Familie etwas von Ihrer Erregung, von dem, was Sie bewegt, loswerden. Vielleicht dadurch, dass Sie Gehör finden. Doch oft stößt das, was Sie mitbringen, auf Unbehagen, ja, auf Widerstand, insbesondere wenn es um Traumata geht. Vielleicht wollen die Partner/innen nicht alles mitspüren, was Sie bewegt. Vielleicht wollen Sie ihre eigenen Kinder vor dem schützen, was Sie in der Kita erfahren haben. Vielleicht ist es Ihnen auch selbst zu viel. Vielleicht wollen Sie sich in der Familie mit anderem beschäftigen, wollen Ihre Ruhe, wollen Freude und Liebe genießen und sich nicht mit dem herumschlagen, was Sie in der Kita beschäftigt hat.

Deswegen rate ich Ihnen, Schleusen zu nutzen als Übergang zwischen dem, was Sie beruflich betrifft, und dem, was Sie im privaten Bereich erleben und erleben wollen. Solche Schleusen können nicht immer helfen, aber oft. Wir bitten Sie darum, nach Schleusen Ausschau zu halten und sie auszuprobieren. Eine solche Schleuse kann darin bestehen, nicht sofort von der Kita nach Hause zu gehen, sondern einen Umweg zu machen, einen Spaziergang, einen Shopping-Bummel oder anderes mehr. Auch Sport oder Fahrradfahren ist für manche eine wichtige Schleuse. Wenn es ganz arg wird, haben wir auch gehört, dass Menschen nach der Arbeit duschen und so das, was sie belastet, versuchen, abzuspülen und wegschwimmen zu lassen … Nutzen Sie Ihre Art von Schleusen und probieren Sie sie aus.

Siebtens: Stärken Sie sich!

Ein Trauma zu erleben, erniedrigt und schwächt. Sich mit Traumata zu beschäftigen, kann ebenfalls schwächen. Deswegen ist alles gut, was Sie stärkt. Hören Sie stärkende Musik oder singen Sie selbst oder spielen Sie ein Instrument. Schauen Sie aufbauende Filme und treffen Sie Menschen, die Ihnen guttun. Selbstverständlich ist es hilfreich, sich auch mit dem Thema Traumata und Kinder zu beschäftigen, zum Beispiel dieses Buch zu lesen. Sie brauchen aber zu Ihrer Stärkung auch »traumafreie« Zonen, also keinen »Tatort«, in dem es um Gewalt gegen Kinder geht, keine Horrorkrimis, die Angst und Schauder verbreiten, sondern Filme und Bücher, die Ihnen guttun und Sie stärken. Sie selbst werden schon wissen, welche das sind. Besonders hilfreich zur Stärkung sind Menschen, die Sie nicht herunterziehen, sondern aufrichten.

Verwendete und empfehlenswerte Literatur

Amaya-Jackson L., Berlin L. J., Ziv Y., Greenberg, M. T. (2007): Enhancing Early Attachments: Theory, Research, Intervention, and Policy. Amaya Jackson Verlag: The Guillard Press, New-York, London.

Baer, U. (2014): Wie Kinder fühlen. Beltz, Weinheim.

Baer, U. (2012): Kreative Leibtherapie. Das Lehrbuch. Semnos Berlin.

Baer, U., Frick-Baer, G. (2015): Flucht und Trauma. Wie wir traumatisierten Flüchtlingen wirksam helfen können. Gütersloher Verlagshaus, Gütersloh.

Breslau, N., Davis, G. C., Andreski, P., Peterson, E. (1991): Traumatic events and posttraumatic stress disorder in an urban population of young adults. In: Archives of General Psychiatry, 48, S. 216–222.

Essau, C. (1999): Angst bei Kindern und Jugendlichen. utb (Ernst Reinhard), Basel/München.

Frick-Baer, G. (2015): »Am schlimmsten ist das Alleinsein danach«. Sexuelle Gewalt – wie Menschen die Zeit danach erleben und was beim Heilen hilft. Semnos Berlin.

Frick-Baer, G. (2015): Kreative Traumatherapie: Aufrichten in Würde. Semnos, Berlin, Neukirchen-Vluyn.

Herman, J. (1988/2015): Die Narben der Gewalt. Traumatische Erfahrungen verstehen und überwinden. Junfermann Verlag, Padaborn.

Stern, D. (1992): Die Lebenserfahrung des Säuglings. Klett-Cotta, Stuttgart.

Übersicht Bilderbuchtipps

Bilderbuch-Titel	Seite	Autor/in	Alter	Verlag	Sprechen über
»Hast du Angst?«, fragte die Maus	26	Rafik Schami	ab 4	Beltz&Gelberg	Angst definieren und bestimmen
Fünfter sein	26	Jandl/Junge	ab 5	Beltz&Gelberg	Angst, Aufregung, Nervosität
Rosi in der Geisterbahn	26	Philip Waechter	ab 3	Beltz&Gelberg	Ängste besiegen, mutig sein
Frosch hat Angst	26	Max Velthuijs	ab 4	Beltz&Gelberg	Angst haben, allein sein, Hilfe suchen
Trau dich, Koalabär	26	Rachel Bright	ab 3	Beltz&Gelberg	Angst, Mut, sich auf Neues einlassen
Ich und meine Angst	26	Francesca Sanna	ab 4	NordSüd Verlag	Angst, allein sein, Angst teilen und überwinden
So war das! Nein, so! Nein, so!	27	Kathrin Schärer	ab 3	Magellan	Wut, Streit, Schuld, zuhören
Robbi regt sich auf	27	Mireille d'Allancé	ab 3	Beltz&Gelberg	Wut und Zorn
Wenn Lisa wütend ist	27	Janisch/Olten	ab 4	Beltz&Gelberg	Wut fühlen, mit Wut umgehen
Schreimutter	27	Jutta Bauer	ab 3	Beltz&Gelberg	Wut, sich entschuldigen
Mein Gewittertag: Das Glück, Wut zu fühlen	27	Jule Wellerdiek	ab 4	Sinn und Unsinn Kinderbücher	Wut verstehen, Gefühle akzeptieren
Wenn ich wütend bin	27	Nanna Neßhöver	ab 2	Carlsen	Wut fühlen, Wut abbauen
Für immer	31	Kai Lüftner/Katja Gehrmann	ab 5	Beltz&Gelberg	Trauer, Tod, Verlust, Sprachlosigkeit, Abschiednehmen
Opas Insel	31	Benji Davies	ab 4	Aladin	Abschiednehmen, Familie
Nusret und die Kuh	31	Anja Tuckermann	ab 5	Tulipan	Trauer, Alleinsein, Abschied, Fremde
Ein Ort für meine Traurigkeit	31	Booth/Litchfield	ab 5	Gabriel Verlag	Trauer annehmen, mit Trauer umgehen
Gehört das so??! Die Geschichte von Elvis	31	Peter Schössow	ab 5	Carl Hanser	traurig sein, Abschied, Trost
Der Besuch	33	Antje Damm	ab 4	Moritz	Alleinsein, Einsamkeit, sich auf Neues einlassen, Neugier
Nick und der Wal	33	Benji Davies	ab 4	Aladin	Einsamkeit, Alleinsein, Zuhause
Wenn du eine Sternschnuppe siehst, wünsch dir was	33	Sang-Keun Kim	ab 4	Beltz&Gelberg	Einsamkeit, Alleinsein, neue Freunde finden, Wünsche
Irgendwie anders	33	Kathryn Cave, Chris Riddell	ab 4	Oetinger	Alleinsein, sich einsam fühlen, anders sein, Einzigartigkeit, Freunde finden
Oh, wie schön ist Panama	36	Janosch	ab 3	Beltz&Gelberg	Sehnsucht, Zuhause
Morgen geht's los, sagt der Mumpf	36	Annette Herzog	ab 5	Moritz	Sehnsucht, Freundschaft, Mut, Abschiednehmen
Abbys Traum	36	Laurel Snyder	ab 5	mixtvision	Sehnsucht nach Freiheit
Heute bin ich	79	Mies van Hout	ab 3	Aracari	Gefühle kennenlernen
Gefühle sind wie Farben	79	Aliki	ab 4	Beltz&Gelberg	Gefühle kennenlernen
Der Löwe in dir	84	Rachel Bright	ab 3	Magellan	Mut, Vertrauen
Das kleine Ich bin ich	85	Mira Lobe	ab 4	Jungbrunnen	Identität, Einzigartigkeit, Wer bin ich?
Seine eigene Farbe	85	Leo Lionni	ab 3	Beltz&Gelberg	Identität, Ich-Sein
Ich bin anders als du – Ich bin wie du	85	Constanze von Kitzing	ab 2	Carlsen	Selbstwertgefühl, Selbstbewusstsein
Das Traumfresserchen	87	Michael Ende	ab 4	Thienemann	Albträume, Ängste besiegen